Dagmar Chidolue

Millie in Hollywood

Illustrationen von
Gitte Spee

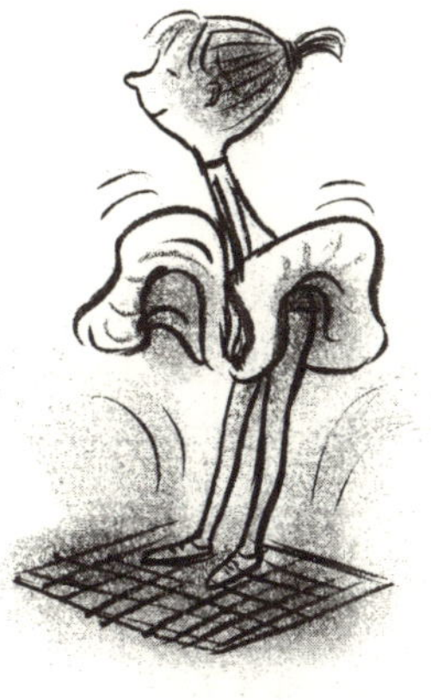

Cecilie Dressler Verlag · Hamburg

Viele andere Millie-Geschichten
erzählt Dagmar Chidolue in ihren Büchern
Millie auf Kreta
Millie auf Mallorca
Millie in Ägypten
Millie in Berlin
Millie in Italien
Millie in London
Millie in New York
Millie in Paris
Millie feiert Weihnachten
Millie geht zur Schule
Millie und die Jungs

Einband- und Innenillustrationen von Gitte Spee
Lektorat: Maren Jessen
Satz: UMP Utesch Media Processing GmbH, Hamburg
Druck und Bindung: GGP Media GmbH, Pößneck
Printed in Germany 2007
ISBN 978-3-7915-0406-3

www.cecilie-dressler.de

Inhalt

Alte Klauderklatsche

Das vergangene Jahr verging wie **nix**. Mama sagt: **wie im Flug**. Nee, es war nicht so leicht wie fliegen. Im letzten Jahr gab's ordentlich was zu tun. Millie hat richtig geschuftet.
Was hat sie im ersten Schuljahr alles lernen müssen!
Lesen, schreiben, rechnen.
Ebbe und Flut.
Heimatmuseum.
Kalte und warme Farben.
Die Tulpe.
Und nicht zu vergessen:
Topflappen häkeln.
Millie hat das alles überstanden.
Sie ist in der zweiten Klasse.
Papa hat das gar nicht glauben wollen. Vor den Sommerferien hat er Millie noch geärgert.

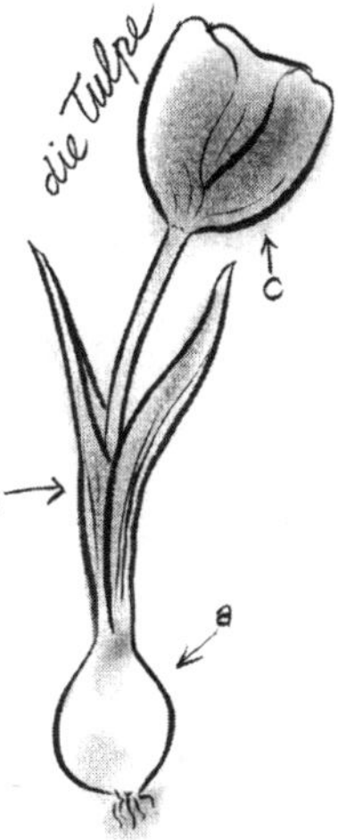

»Wirst du auch nicht sitzen bleiben?«, hat er gefragt.
»Sitzen bleiben?« Millie ist entsetzt gewesen.
»Ja«, hat Papa mit **todernstem** Gesicht gemeint, »wirst du überhaupt versetzt?«

Oha. Millie hat richtig nachdenken müssen. Dass man in der Schule sitzen bleiben kann, davon hatte sie schon gehört. Aber gilt das auch schon für die erste Klasse? Und würde es sie vielleicht erwischen? Sie ist ja nicht in allem prima-prima.

Im Schwätzen ist Millie große Klasse. Das weiß leider auch ihre Lehrerin. Millie hat Frau Heimchen mit ihrem Gequatsche schon mal so durcheinandergebracht, dass sich die Lehrerin verhaspelt hat.

»Millie, du bist eine alte Klauderklatsche«, hat Frau Heimchen gestöhnt.

Die ganze Klasse hat gelacht.

»Ich meine, du bist eine Plaudertasche«, hat Frau Heimchen sich verbessert.

Ach, Frau Heimchen, Klauderklatsche ist doch ein viel schöneres Wort.

Aber kann man sitzen bleiben, wenn man eine Klauderklatsche, sonst jedoch **oke** ist? Würde die Lehrerin Millie deswegen **in die Wüste schicken**?

Millies Grübeleien haben nur eine Schrecksekunde gedauert, dann hat Mama sich eingemischt.

»Mach das Kind nicht verrückt«, hat sie zu Papa gesagt. »Man kann in der ersten und zweiten Klasse gar nicht sitzen bleiben.«

Da polterten doch ein paar dicke Wackersteine von Millies Herz auf die Erde, plopp, plopp.
Papa hat nur gegrinst. Ja, ja, er wollte Millie bloß ärgern.
Na warte!
Inzwischen ist Millie schon einige Wochen in der zweiten Klasse. Sie durfte sogar den Platz neben ihrer Freundin

Kucki behalten, obwohl Frau Heimchen hin und wieder über beide den Kopf schüttelt. Kucki ist nämlich auch eine Klauderklatsche.
Nach den tollen Sommerferien in diesem Jahr sind jetzt Herbstferien. Und was macht man in den Ferien? Na? Na? Man verreist natürlich. Das heißt, man muss nicht verreisen, man könnte auch zu Hause bleiben, aber Millie reist gerne **in der Weltgeschichte** umher. Sie nimmt Mama und Papa mit. Und ihre kleine Schwester Trudel.
Das ist eigentlich gelogen. Mama und Papa nehmen Millie und Trudel mit. So ist das.
Trudel kommt im nächsten Jahr in den Kindergarten. Wenn man sie dort aufnehmen wird! Denn obwohl Trudel schon zweieinhalb Jahre alt ist, kann sie noch nicht richtig sprechen. Das macht Millie Sorgen.
Sie übt mit der Schwester.
»Sag mal Vogel, Trudel. Vo-gel.«
»Vo-hel«, sagt die kleine Schwester.
»Vo-gel!«
»Vo-hel!«
Millie stöhnt und schüttelt den Kopf. Dann legt sie Trudel Bilder aus dem Memory-Spiel vor die Nase.
»Was ist das, Trudel?«
»Bume«, sagt die Schwester.

»Das heißt nicht Bume«, korrigiert
Millie. »Das heißt Blume!«
Trudel muss noch einmal ran.
»Was ist das?«
»Bume«, sagt Trudel.
Millie schüttelt traurig den Kopf.

»Tz, tz, tz.« So wird Trudel nie in den
Kindergarten aufgenommen werden. Ist die kleine Schwester
etwa dumm?
Millie hält Trudel die Memory-Karte dicht vor die Nase.
»Das ist eine Be-lu-me, Trudel! Sag mal: Be-lu-me.«
»Be-lu-me«, wiederholt Trudel brav.
Na, wenn das kein Grund zum Jubeln ist!
»Noch mal, Trudel, noch mal!«
»Belume, Belume, Belume.«
»Noch mal, Trudel, noch mal, und jetzt schneller: Blume,
Blume, Blume.«
»Blume, Blume, Blume«, sagt Trudel und lacht.
Na, geht doch.
»Sag mal: blau, Trudel«, fordert Millie die Schwester auf
und zeigt auf ihren blauen Pulli. »Sag mal: be-lau, Trudel,
be-lau.«
»Be-lau«, wiederholt Trudelchen. »Belau, belau«, und
schließlich schneller: »Blau, blau, blau.«

Bravo! Aber trotzdem wird Millie auch in Zukunft noch viel Arbeit mit der kleinen Schwester haben.
Jetzt soll sich Mama lieber mal um Trudel kümmern.
Aber Mama ist damit beschäftigt, die nächste Reise vorzubereiten.
»Gleich, Millie, gleich«, murmelt sie, als Millie ihr Trudel andrehen will. »Gib ihr noch was zu tun.«
»Was denn?«, fragt Millie.
»Irgendwas«, sagt Mama und ist gar nicht bei der Sache.
Die Sache ist immer noch Trudel. Na, dann müsste Millie ihr noch was beibringen. Sie sagt ja immer noch Sssule statt Schule und Sssüssel statt Schüssel. Und zum Bügeleisen sagt Trudel … na was wohl?
Bückeneise!
Millie kann sich über Trudels Erfindungen kaputtlachen: Wadehanne und Sahnbüste. Nur Mama, Papa und Millie wissen, was Trudel damit meint.
Wie Trudel das wohl nennen würde, wohin die Herbstreise gehen wird?
Mama?
»Amerika«, murmelt Mama.
Ist schon klar, aber das hat Millie nicht gemeint. Sie weiß, dass Amerika sehr groß ist, sehr, sehr groß.
Mama muss das schon genauer sagen.

»Och«, sagt Mama. »Kalifornien, Arizona und was nicht noch alles. Der Wilde Westen.«
Huch. Kalli-wohin und Ali-schon-da? Das hört sich ja lustig an. Aber da war doch noch mehr, Mama!
»Ja, Nevada und Utah«, murmelt Mama. »Wir werden durch vier amerikanische Staaten reisen.«
Nie-wieder und Utan? Orang-Utan?
Herrlich. Aber das Tollste, Mama, wie heißt das noch mal? Wolli…, Kolli… oder Trolli…?
»Holly…«, sagt Mama. »Hollywood. Meinst du das?«
Genau!
»Sag mal: Hollywood, Trudelchen!«
»Mollywut«, piepst die kleine Schwester.
Ja! Große Klasse! Mollywut!
Mama hat Millie schon erklärt, was es mit Hollywood auf sich hat. Mit Mollywut! Hollywood bedeutet **Kino**!
Werden sie in Amerika sehen, wo die Kinofilme gemacht werden?
»Oh ja«, sagt Mama. »In Hollywood werden wir sogar die großen Filmstudios besuchen. Viele Cowboy- und Indianerfilme sind natürlich draußen gedreht worden, in der Wüste oder in der Prärie. Dort fahren wir auch hin.«
»Prima, prima!«
Aber nun ist Papa nach Hause gekommen, und er und Mama

möchten in Ruhe miteinander quatschen. Schade. Millie würde gerne noch mehr über das Mollywut-Kino erfahren. Und was soll sie jetzt machen?
Sie kann ja mal der kleinen Schwester was erzählen. Die Geschichte des schrecklichsten Films, den sie je gesehen hat. Millie hat ihn sich dreimal angucken müssen, bevor sie ihn ertragen konnte. Zweimal nicht zu Ende und einmal zu Ende. Mal sehen, ob Trudel die Geschichte aushalten kann.

Vor langer, langer Zeit lebte im tiefen, dunklen Wald ein kleines Reh. Das ist Bambi. Seine Mama nennt es aber Krümelchen. Bambi hat noch ganz wackelige Beinchen. Es lernt aber schnell laufen, und bald kann es durch den Wald hopsen und sogar über gefällte Baumstämme springen. Huh, manchmal gibt es aber auch eine Bauchlandung.
Bambi lernt sprechen. Ja, es heißt Vo-gel und nicht Vo-hel, das bringt ihm Klopfer bei, das ist Bambis Kaninchenfreund. Lalalalala, das Leben ist schön, und tripp, trapp, tropp macht der Regen. Auch bei Gewitter hat Bambi keine Angst, denn die Mama ist bei ihm. Bambis Vater ist groß und klug und weise und mutig. Er ist der König des Waldes, das soll Bambi wissen. Und als die Jäger in den Wald kommen und schießen und Bambi ruft: Mama, wo bist du, da hat der Papa Bambi geholt, gut so.
Im Sommer blühen die Blumen und im Winter gibt es eine Rutsch-

partie auf dem Eis. Manchmal haben die Tiere des Waldes auch Hunger. Sie laufen hinaus auf das Feld.
Und schon wieder kommen die Jäger. Und die bösen Hunde.
Schnell, schnell, lauf in den Wald, Bambi!
Mama?
Mama! Wo bist du?
Aber die Mama kommt nicht. Die Jäger haben sie … oh, oh, die Jäger haben sie erschossen. Bambi muss jetzt sehr, sehr tapfer sein.
Komm, mein Sohn, sagt der Papa.
Dann ist wieder Frühling und die Vögel zwitschern. Jetzt ist Bambi schon groß und verliebt sich sogar. Und auch Klopfer ist verknallt. Das merkt man daran, dass seine Freundin Süßer zu ihm sagt.

»Schön?«, fragt Millie.
»Sssön«, sagt Trudel brav, dann quengelt sie aber, weil Millie weitermachen soll.
Puh! Nein!
»Dowemillie«, sagt Trudel da.
Wie bitte?
Nein, nein, nein. Man kann auch was vom Kino lernen. Hat Millie vergessen zu erzählen. Das bekam Klopfer nämlich im Film beigebracht: **Wenn man nichts Nettes zu sagen hat, soll man den Mund halten.**
Also, halt die Klappe, Trudel.

Fliegender Wechsel

Mama und Papa haben die Reise sehr gut vorbereitet. Es wird zwar eine lange Reise sein, aber auf dem Flug nach Kalli-wohin soll man sich im Flugzeug Filme anschauen können. **Kino!**
Bevor es so weit ist, müssen sie auf dem Flughafen vor dem Ticket- und Gepäckschalter lange Zeit Schlange stehen. Alle wollen nach Amerika. Nach Ali-schon-da und nach Nie-wieder. Alle … das sind bestimmt tausend Leute. Aber nur die mit den blauen Flugtickets machen die gleiche Reise wie Millie. Nach Mollywut. Das sind vielleicht dreißig Leute. Oder so. Hach, wenn die nicht immer so hin und her zappeln würden, könnte Millie die Leutchen mal zählen und es genau sagen.
Sie schaut sich in der Gruppe mit den blauen Tickets um. Leider sind keine Kinder zu sehen. Vor ihnen, dieser Junge, ist viel zu groß, um noch ein Kind zu sein. Er hat sogar **Gel** im schwarzen Haar. Deswegen sieht es schwärzer als schwarz aus. Der große Junge hat auch schon einen Bart. Oder was soll das sein, diese komischen zwei Ziegenfransen unterm Kinn? Um seine Stirn hat er ein zusammengefaltetes,

rot gemustertes Tuch gebunden. Außerdem hat er die Stöpsel von einem Walkman im Ohr.

Millie kann das Tsi-tsi-tsi-tsi-tsi-tsi-tsi-tsi hören.
Soll das etwa Musik sein?
Mann, das nervt vielleicht!
Der Junge ist mit seinem Opa gekommen.
Ist das nicht komisch, dass jemand mit seinem Opa verreist?
Dem Opa geht das Tsi-tsi-tsi-tsi-tsi-tsi-tsi-tsi nicht auf die Nerven.
Schöner Opa!
Mama will mit dem Opa **ins Gespräch** kommen. Sie kriegt aber nicht viel raus. Nur dass er seinem Enkel die Reise spendiert hat.
Netter Opa!
Mama versucht auch, sich mit dem Jungen zu unterhalten.
»Freust du dich?«, fragt sie.
Mama sagt *du* zu ihm, also wird Millie recht damit haben, dass er noch ein Junge und kein richtiger Mann ist.
Mama kriegt aber keine Antwort. Weil der Junge nur das Tsi-tsi-tsi-tsi-tsi-tsi-tsi-tsi hören kann.
Mama beugt sich vor. »Freust du dich auf die Reise?«, fragt sie lauter.

Jetzt nimmt der Junge den Stöpsel auf der rechten Seite aus dem Ohr. Aber nur ein kleines bisschen.
»Was?«, stößt er aus.
Millie merkt, dass ihn Mamas Fragen nerven.
»Ich wollte nur wissen …«, beginnt Mama. Dann unterbricht sie sich. »Wie heißt du denn?«, fragt sie.
Der Junge lässt den Stöpsel wieder in sein Ohr schnellen.
»Er will Jack genannt werden«, sagt sein Opa. »Wegen Jack aus diesem Film, wissen Sie.«
Dschäck?
Mama sieht ein wenig ratlos aus. Papa zuckt auch mit der Schulter.
»Irgend so ein Seeräuberfilm«, sagt der Opa. »Seine Kumpel haben wohl gemeint, dass er so aussieht wie der Piratenkapitän. Der heißt Jack. Wenn Sie mit meinem Enkel reden wollen, sagen Sie Jack zu ihm.«
Hm, zu einem Piratenkapitän fehlt Jack doch noch die schwarze Augenklappe!
Mama wendet sich wieder dem Opa zu. »Das ist aber nett, dass Sie sich so um Jack kümmern. Da sind seine Eltern wohl richtig froh, was?«
»Ach«, sagt der Opa und winkt mit einer Hand ab. »Die haben ihre eigenen Probleme.«
Darüber will er nicht reden, das merkt Millie, und Mama

nickt **verständnisvoll**, als ob sie wüsste, was er meint. Hach, Millie wird auf dieser Reise weder mit dem Opa noch mit Jack was anfangen können. Sie muss sich also in der nächsten Zeit mit Mama und Papa und Trudel begnügen. So ist das nun mal. Daran wird sie sich gewöhnen. Wie schon an so manches in diesem Jahr. Kucki ist zwar in ihrer Klasse geblieben, Kucki und Mario und all die anderen, aber ihre Freunde Jocko und der Uhu sind nun in einer anderen Schule. Fünfte Klasse! Fast vermisst Millie die beiden, aber immerhin sehen sie sich noch manchmal. In der Bücherei zum Beispiel. Und Jocko kann es nicht lassen, Millie ständig anzurufen. Er hat nämlich ein eigenes Handy! Außerdem treiben sich Gus und Wulle immer noch auf ihrem Schulhof herum. Sie sind jetzt in der vierten Klasse. Die beiden kann Millie allerdings auch zu Hause treffen. Sie wohnen ja gegenüber.
Im Moment hat Millie leider nur Trudel.
Aber wenigstens gibt es gleich eine schöne Ablenkung. Kino! Sie sitzen nämlich endlich im **Flieger**. Es ist ein großes Flugzeug. Die Reihen links und rechts sind von anderen Leuten besetzt. Schade. Kein Fensterguckplatz für Millie. Nur die Sitze in der Mitte waren noch frei. Gleich am Gang sitzt Papa, dann kommt Mama und neben ihr hockt Millie. Trudel sitzt mal hier und mal da, auf Papas oder Mamas

Schoß oder quetschquetsch neben Millie auf demselben Sitz.

Manno!

Neben Millie sitzt Jack.

Oha.

Tsi-tsi-tsi-tsi-tsi-tsi-tsi-tsi.

Weiß der nicht, wie das nervt? Weiß er das wirklich nicht?
Millie bohrt ihm ihren Zeigefinger in die Seite.
Er guckt sie an.
Tsi-tsi-tsi-tsi-tsi-tsi-tsi-tsi.
Millie zieht eine Grimasse.
Jack schaut weg.
Tsi-tsi-tsi-tsi-tsi-tsi-tsi-tsi.
Millie versucht, ihn zu kneifen. Aber sie bekommt nur den Stoff seiner Jacke zwischen die Finger.
Trotzdem wird Jack das gemerkt haben. Er rutscht ein Stückchen weg von Millie.
Tsi-tsi-tsi-tsi-tsi-tsi-tsi-tsi.
Jetzt aber kommt eine Stewardess und sorgt für die **Ablenkung**. Sie erklärt nämlich allen die Sache mit dem Kino.
Oh. Hier im Flugzeug hat jeder einen eigenen Fernseher!
Der ist in der Rückenlehne vom Sitz des Vordermannes eingebaut. Und jeder hat einen eigenen Kopfhörer. Da bekommt man das Tsi-tsi-tsi-tsi-tsi-tsi-tsi-tsi vom Nachbarn nicht mehr mit.
Gute Idee!
Und darf sich Millie einen Film auswählen?
»Jaha«, sagt Mama.
Mann, das ist ja wie Cola trinken dürfen. Das gibt's doch gar nicht!

Millie würde sich gerne *King Kong* ansehen. Den hat sie schon mal heimlich bei Gus zu Hause angeschaut, aber nur einen kleinen Teil davon. Sie weiß nicht, wie der Film aufhört. Ob es ein gutes oder ein schlechtes Ende gibt.
Leider gibt es nicht *King Kong* im Flugzeug.
Millie sucht sich einen Zeichentrickfilm aus. *Susi und Strolch.* Den wollte sie schon immer, immer, immer sehen. Sie muss sich den Film mit Trudel zusammen anschauen und dabei leider auch ihren Sitzplatz mit der Schwester teilen. Den Sitzplatz **und** den Kopfhörer, den die Stewardess überreicht.
Ach, das sind ja hübsche Ohrenlautsprecher.
Und wie sollen sie das jetzt machen?
Das mit dem Sitzplatz ist kein Problem. Trudels Popo ist noch klein und Millies nicht viel größer.
Passt.
Aber Trudel ist auch sonst noch klein. Im Sitzen reicht ihr Kopf gerade bis an Millies Schulter.
So klein Trudel auch ist, so **rabiat** kann sie sein. Sie will den Kopfhörer ganz allein für sich.
Das geht doch nicht!
»Nein, nein, nein«, sagt Millie streng.
Trudel schiebt ihre Unterlippe vor.
»Halbe-halbe«, sagt Millie.
Sie versucht tatsächlich, sich den Kopfhörer mit Trudel zu

teilen. Jeder kriegt eine Hälfte. Der linke Hörer kommt an Millies rechtes Ohr, und den rechten Hörer zieht Trudel an ihr linkes Ohr. Sie zieht und zieht. Millie muss schon ganz krumm sitzen, weil Trudel sich nicht strecken kann.
Jetzt hat Trudel so fest gezogen, dass es kracht.
Auweia.
Der Hörer ist in zwei Hälften gebrochen.
Halbe-halbe, **im wahrsten Sinne des Wortes**.

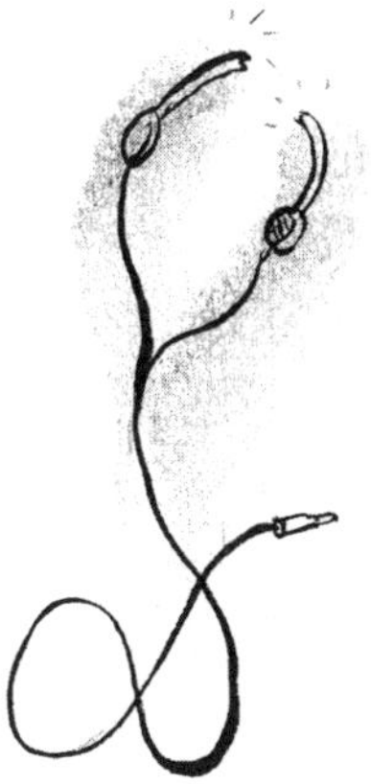

Trudel findet das gut. Sie denkt, sie hat nun einen Lautsprecher für sich alleine.
Aber man kann durch den Hörer nichts mehr hören, rechts nichts mehr und links nichts mehr.
Trudel hält Millie ihre Hälfte hin.
»Putt«, sagt sie enttäuscht und zieht ein trauriges Gesicht.
Na, was hat sie denn gedacht?
Millie macht es jetzt aber genauso. Sie hält Mama die beiden Teile des Kopfhörers vor die Nase.
»Kaputt«, sagt sie.
Mama versteht erst gar nicht, worum es geht, weil sie sich auch einen Film anschaut. Einen für Erwachsene. Sie muss erst ihren Kopfhörer abnehmen.

»Oje«, sagt sie. »Wie habt ihr das denn hingekriegt?«
Ihr? Millie war das nicht!
Mama macht aber zum Glück keinen Aufstand. Sie winkt einmal kurz nach der Stewardess.
»Kaputt«, sagt nun auch Mama und macht ein entschuldigendes Gesicht.
Millie zieht ihren Kopf zwischen die Schultern. Vielleicht gibt es nun Theater statt Kino?
Trudel hat von der Seite auf Millie gesehen und macht es ihr nach. Sie zieht ihren Kopf auch ein.
Aber die Stewardess regt sich nicht auf. Sie bringt Millie und Trudel einen neuen Kopfhörer.
Mama meint, Millie und Trudel sollen sich den Kopfhörer so teilen, dass jeder ihn fünf Minuten aufsetzt und danach:
fliegender Wechsel.
Wenn's sein muss!
Hoffentlich verpasst man dann nicht zu viel vom Film.
Na, es geht.

Susi ist ein hübsches Hundemädchen. Und so lieb! Sie vertreibt die Krähen im Garten und passt auf das Baby auf. Sie spielt auch mit den Nachbarhunden, dem alten Pluto und Joe.
Herrchen und Frauchen müssen eines Tages verreisen, und Tante Klara kommt mit ihren beiden blöden Katzen. Die wollen den

Goldfisch fressen. So geht das aber nicht! Susi wird fuchsteufelswild. Schöne Jagd durch die ganze Wohnung!

Tante Klara legt Susi einen Maulkorb an, oh, wie schrecklich. Susi reißt aus, aber die bösen Hunde mit den glühenden Augen sind hinter ihr her.

Da kommt Strolch, der Straßenköter. Er sagt Püppchen zu Susi. Er kennt Gott und die Welt und die Tiere im Zoo. Der Biber befreit Susi vom Maulkorb, aber zackizackizack, und die Hyäne lacht sich fast tot.

Strolch weiß auch, wo es was Leckeres zu essen gibt. Spaghetti! Susi und Strolch ziehen an ein und derselben Nudel. Peng. Kuss. Strolch schiebt Susi auch das extra Stückchen Wurst zu. Und nachts gehen sie spazieren, dahin, wo das Abenteuer wartet,

nämlich die verpennten Putzis aufscheuchen, die Hühner von der Stange jagen.
Susi muss aber wieder nach Hause. Leider verdonnert Tante Klara sie nach draußen in die Hundehütte.
Als Strolch sie besuchen kommt, schleicht eine Ratte in das Kinderzimmer. Hilfe, das Baby, das Baby!
Strolch tötet die Ratte, aber die böse Tante lässt Strolch zum Hundefänger schaffen.
Was nun?
Da kommen die Nachbarhunde Pluto und Joe zur Hilfe. Sie bringen den Hundefängerwagen zum Umstürzen. Leider wird Pluto unter dem Wagen begraben, oje, oje.
Herrchen und Frauchen finden heraus, dass Strolch die Ratte getötet hat, und er darf für immer und ewig bei Susi bleiben. Sie kriegen vier Kinder. Und am Schluss bekommen alle Hundekuchen, sogar Pluto und Joe, denn der alte Pluto hat sich zum Glück nur die Pfote gebrochen.

Wunderbare Geschichte. Schöner Film. Und wie gut, dass Trudel mittendrin eingepennt ist, sodass Millie den Kopfhörer nicht mehr teilen musste und alles, alles mitbekommen hat. Kino ist herrlich!

Weltfriedensstifter

Nachdem Millie so lange still gesessen hat, muss sie sich ein wenig strecken. Vorsichtig, vorsichtig, damit Trudel bloß nicht aufwacht.

Der Film von Mama ist auch gerade zu Ende gegangen. Mama hat ihr Kino wohl genossen. Sie rekelt sich ausgiebig und lächelt Millie an.

»Hast du deinen Lieblingsfilm gesehen?«, fragt Millie.

»Nein«, sagt Mama. »Mein Lieblingsfilm ist *Casablanca*. Den gab's hier leider nicht. Aber ich habe mir einen herrlich lustigen Film angeschaut«, erklärt sie. »*Ein Pyjama für zwei* heißt er.«

»Halbe-halbe?« Millie ist sich nicht sicher, ob sie das richtig verstanden hat.

»Ja, genau«, sagt Mama amüsiert. »Ich könnte mich jedes Mal kaputtlachen, wenn ich sehe, wie da die Funken sprühen.«

»Erzähl doch mal«, bittet Millie. Sie möchte die Funken-Geschichte mit dem Pyjama gerne hören.

»Haben wir denn noch Zeit?«, überlegt Mama. »Landen wir nicht gleich in San Francisco?«

Ach, bis zur Landung in Sandfranz-ist-so wird es noch dauern. Das reicht bestimmt für einen Film im **Schnell-durchlauf**.
Mama richtet sich ein wenig auf und versucht, durchs Fenster zu schauen.
»Ich glaube, wir werden gleich die Rocky Mountains überqueren«, sagt sie. »Und dann sind wir auch bald da. Was meinst du?«
Ach, Mama! Millie hat von den Rockimauern doch keine Ahnung.
»Ist das ein Gefängnis?«
Mama lässt sich in den Sitz zurückfallen. »Nein, Schatz, die Rockys sind ein hohes Gebirge. Auf den Gipfeln müsste sogar noch Schnee liegen.«
Aber die Rockimauern sind vom Sitz aus nicht zu sehen, und so kann Mama Millie noch schnell den Film erzählen.
Der geht ungefähr so:

Es waren einmal ein Mann und eine Frau. Die haben denselben Beruf, sie müssen sich nämlich Sprüche fürs Fernsehen ausdenken, für Früchtequark oder Gummibärchen oder Schokolade.
Der Mann erfindet doofe Werbung, auf die alle Leute reinfallen: Süßer Quark ist große Klasse, man isst ihn aus Bechern und nicht aus der Tasse.

Oder: Gummibärchen schmecken auch, sie müssen in den Kinderbauch.
Oder: Schokolade ist wirklich gesund, sie macht gar nicht dick oder fett oder rund.
Der Mann verdient viel Geld mit seinen Texten. Die Frau aber findet, dass sie sich bessere Sätze ausdenken kann:
Eine Karotte am Tag genügt, dann wirst du gesund und äußerst vergnügt.
Oder: Grüner Spinat enthält viel Eisen, das musst du essen, besonders auf Reisen.
Oder: Hast du Bohnen auf dem Teller, wirst du größer, weiser, schneller.
Diese Werbesprüche will man aber nicht im Fernsehen senden. Pech!
Die Frau findet, dass die Sprüche von dem Mann verboten werden müssten.
Da macht der Mann einen tollen Spruch über Piff, das es aber in Wirklichkeit gar nicht gibt. Na, jetzt ist vielleicht was los!
Dann wird Piff ganz schnell erfunden, ein leckeres Bonbon. Alle Leute probieren Piff, auch der Mann und die Frau. Beide werden davon sehr lustig, weil es ein besoffenes Bonbon ist. Sie sind so beduselt, dass sie nicht merken, wie sie sich nachts einen Pyjama teilen. Ein Schlafanzug für zwei! Einer trägt oben und einer hat unten an. Hihihi.

Der Mann und die Frau haben sich vorher schon ein bisschen verknallt. Deshalb heiraten sie am Ende und bekommen sogar ein Baby.

Mamas Film ist wirklich lustig gewesen.
»Aber immer mit Liebe«, sagt Millie. »Und am Schluss kriegen sie Babys.«

So ist das nämlich auch bei *Susi und Strolch*.
»Das ist oft so im Leben«, sagt Mama und lacht.
»Wolltest du denn schon immer mich und Trudel kriegen?«, will Millie wissen.
»Aber nein«, sagt Mama. »Lange Zeit wollte ich nur Weltfriedensstifter werden.«

»Und dann?«
»Dann war mir das zu schwer«, gibt Mama zu. »Es reicht mir, wenn ich es schaffe, zwischen euch beiden Frieden zu stiften.«
Das kann Millie verstehen. Es ist nämlich auch für sie manchmal nicht einfach, den Frieden mit Trudel zu wahren. Aber sie bemüht sich **redlich**.
In diesem Moment macht das Flugzeug eine Kurve. Links geht der Flügel so tief runter, dass Millie unendlich viele Bergspitzen sehen kann.
»Die Rockis! Die Rockimauern!«, brüllt sie so laut, dass Jack an ihrer Seite richtig zusammenzuckt.
Ach, Jack hat tatsächlich Ohren unter dem Kopfhörer? Auch er starrt aus dem Fenster.
Die Rockimauern sehen sehr, sehr ruppelig aus, grau und genarbt wie eine Elefantenhaut.
Durch Millies Geschrei ist die kleine Schwester wach geworden. Sie ist ganz verdattert und noch so verpennt, dass sie Millie nur anschielen kann. Dann schiebt sie einen Finger in die Nase und pult darin rum.
Pfui, Trudel!
»Mama! Geh mal mit Trudel Hände waschen!«
»Ach, Milllie!«
»Das muss man«, behauptet Millie. »Wenn Frau Heimchen

so was sieht, schickt sie einen gleich raus auf den Hof an den Wasserhahn. Mach mal, Mami, wasch Trudel mal die Pfote ab.«

Die Schwester geht freiwillig mit Mama raus auf den Gang. Sie will nämlich auch Pipi machen.

Papa muss aufstehen und den beiden Platz machen. Das geht Trudel nicht schnell genug.

»Mensss, Papa«, nörgelt sie. »Machsssnell, aber fottifotti-mensss.«

»Es heißt flotti, flotti«, korrigiert Millie. »Fe-lotti, fe-lotti, Trudel!«

»Dowemillie«, sagt Trudel.

Na, die hat sie doch nicht alle!

Soll Millie sie jetzt auch beschimpfen? Soll sie? Soll sie?

Nein, sie will ja wirklich den Frieden wahren.

Pinkel-Ladys

In Sandfranz-ist-so wartet Silke auf Millie. Na, auf Millie und Trudel und Papa und Mama, auf Jack und seinen Opa. Und auf all die anderen Reisenden. Sie wird die Gruppe die ganze Fahrt über begleiten. Sonst weiß man ja gar nicht, wohin und wie und wann.
»Keine Müdigkeit vorschützen«, sagt sie. »Es geht gleich los mit einer netten, kleinen Besichtigungstour durch San Francisco.«
Vorschützen? Was heißt denn das? So was wie *mogeln*? Millie mogelt doch nie. Nach dem langen Flug ist sie wirklich müde. Trudelchen nicht. Sie hat ja fast die ganze Zeit gepennt. Zum Glück können sie sich jedoch ein Weilchen im Hotel ausruhen. Danach geht's aber los, und es ist keine nette kleine Rundfahrt, sondern eine nette große Bustour.
Es ist gut, dass es im Bus einen Vorrat an Wasserflaschen gibt. Wasser und Cola. Wasser für die Kinder und für die großen Leute, die keine Cola mögen. Gibt's denn überhaupt solche Leute?
Doch, Millie, doch.
Die Wasserflaschen haben oben am Verschluss kleine Nuckel.

Wenn man sich den Nuckel in die Schnute steckt, dann kleckert man nicht beim Trinken. Das ist praktisch. Aber Bäucherchen muss man trotzdem machen. Millie leise, Trudel laut.
Im Bus gibt es immer zwei Sitze nebeneinander. Papa und Mama sitzen in der Reihe hinter Millie und Trudel. Und vor Millie sitzen Jack und sein Opa.
Tsi-tsi-tsi-tsi-tsi-tsi-tsi-tsi.
Jack hat schon wieder seine Stöpsel im Ohr. Ob er überhaupt Augen für Sandfranz-ist-so hat?
So eine Stadt hat Millie noch nie gesehen. So eine lustige Stadt, weil es hier immer rauf und runter geht, fast wie in einer Achterbahn.
Wenn man gerade irgendwo oben ist, kann man auf die berühmte Bucht von Sandfranz-ist-so schauen. Die berühmte Bucht hat auch eine berühmte Brücke. Die kann man aber nicht sehen, man muss Silke glauben, dass es die Brücke gibt.
»Die Golden Gate Bridge.«
Was man über der Bucht sieht, ist dicke Suppe. Ein dichter, weißgrauer Nebel hängt über der Stadt und dem Wasser. Der Wind hat den Nebel aus dem Meereswasser hochgepustet und die Stadt in einen Batzen Watte eingewickelt. Von unten kriecht der Schwabbel langsam die Hügel hinauf. Straße um Straße, auf die der Bus herumkutschiert. Je länger aber die

Tour dauert, desto mehr lichtet sich der Nebel, und endlich, endlich reißt der Schleier und die Brücke taucht auf.
Oh. Die goldene Brücke von Sandfranz-ist-so. Die Gold-Britschi.
Mit dem Bus geht es aber nicht nur rauf und runter, sondern auch **sauscharf** um die Kurve. Das ist ja wie Formel Eins!
Die Stadt ist auf vielen Hügeln gebaut, auf sieben, um genau zu sein.
Ätschibätschi, angeschmiert mit Leckpapier. Es sind nämlich dreiundvierzig Hügel.
Linksrum, rechtsrum, linksrum. Die Straße mit den schärfsten Kurven ist auch sehr berühmt. Sie heißt Langer-Bart-Straße.
»Lombard Street, Millie! Lombard-Straße!«
Ja, ja.
Die Langer-Bart-Straße ist aber nicht nur berühmt, sondern auch sehr schön. Zwischen den Zickizacki-Straßenkurven wachsen herrliche Blumenbüsche, in Weiß und Lila und Rosa und Blau.
»Guck mal, Trudelchen, ist das nicht schön?«
»Sssön«, sagt die Schwester.
Mann, sie kann immer noch kein Ess-Zeh-Ha sagen!
Die meisten Häuser von Sandfranz-ist-so haben sich ordentlich herausgeputzt. Die tollsten Blumen wachsen in den

Vorgärten, ganz viel Rot, die Sonne scheint und die Vögel singen. Piepsipiepsipüh.
Die Häuser sind wie für einen Feiertag geschmückt, und die hübschesten und buntesten sehen aus wie schicke Damen, und so heißen sie auch.
»Painted Ladies«, erklärt Silke.
»Und was heißt Pinkel-Ladys übersetzt?«
»Nicht *Pinkel*.« Mama hat sich vorgebeugt und flüstert Millie ins Ohr. »Painted Ladies, das sind angemalte, geschminkte Damen.«
Ach so.
Trotzdem!
Alle Pinkel-Ladys haben ein Treppchen auf der linken Seite, da kann man bis zur Haustür hochlaufen, klingelingeling.
Manche haben im ersten Stock auch einen kleinen Balkon mit Schnörkelgeländer. Winkewinke.
Zwei Hügel bilden das Dach von Sandfranz-ist-so. Nicht in Wirklichkeit, das Dach einer Stadt ist doch immer der Himmel. Aber man nennt die höchste Stelle einer Stadt manchmal so.
»Die beiden Hügel heißen Twin Peaks«, sagt Mama. Was Silke nicht erklärt, weiß Mama. Sie hat in ihrem schlauen Büchlein gelesen, dass die Pikspiks früher *Brüste eines Indianermädchens* hießen.

Gut, dass Millies Freund Wölfchen aus Mönchengladbach nicht in der Nähe ist. Der hätte bei dem Wort *Brüste* einen Schlag bekommen. Oder einen roten Kopf. Obwohl es gar kein richtiger Busen ist, sondern nur ein Zwillingshügel.
Jetzt fahren sie durch das Bankenviertel von Sandfranz-ist-so. Die hohen Fassaden der Häuser glänzen um die Wette: schwarzer, schimmernder Stein und roter Granit. Alles auf Spiegelglanz poliert.
Mitten auf dem Platz zwischen den riesigen Hochhäusern heißt es: Alle mal aussteigen.
Ja, gut. Beine schütteln und mit den Armen schlenkern. Und den Kopf in den Nacken legen, um zu sehen, wo die Stadt oben aufhört.
Im Himmel?
»Trudel, guck mal hoch!«
Trudel legt brav den Kopf in den Nacken. Aber ihr wird schwindelig. Sie macht ein paar Schritte rückwärts, dann fällt sie auf den A… A… Arm.
Huch?
Heult sie?
Hat sie sich den A… A… Arm etwa gebrochen?
Nein!
Trudel lacht sogar. Und sie kapiert nicht, was Millie meint, dass nämlich der Himmel zusammen mit den Spitzen von

den Wolkenkratzern aussieht wie ein **Kaleidoskop**. Fast wie das von zu Hause, das ein wenig kaputt ist. Das von zu Hause ist hauptsächlich voll mit roten Scherben, aber das Kaleidoskop von Sandfranz-ist-so besteht aus goldenen Glassplittern mit ein bisschen Blau und ein bisschen Silber dabei. Und in einem Glassplitter ist eine weiße Sonne gefangen.
Dann gibt es natürlich noch die **todschicken** Läden in der fünften Straße und die riesigen Einkaufszentren. Die sind wie Paläste aus Gold und Silber und Edelsteinen.
Die fünfte Straße kennt Millie schon. Die gibt es nämlich auch in New York, und fünfte Straßen sind sehr, sehr teuer. Millie braucht gar nicht zu fragen, ob sie was Neues zum Anziehen bekommt. Aber sie wüsste schon, was: eine neue Jeans mit rotem Schildchen auf der Pobacke oder rosa Stiefelchen mit Fellbesatz.
Nee, nee, Mama, du brauchst gar nicht so zu gucken. Millie verzichtet **freiwillig**.
Was gibt es denn noch zu sehen?
Eine Kirche muss bei einer Besichtigungstour immer dabei sein. Die gehört der heiligen Maria, *Sankt Mary,* und sie hat eine Mütze auf dem Kopf wie der Nikolaus, eine Bischofsmütze.
Überall in Sandfranz-ist-so sitzen Leute auf Treppen. Sie hocken zwischen Blumenpötten und essen und trinken und

lachen und quatschen. Es sieht aus, als wären die Menschen dort auf den Treppen von Sandfranz-ist-so angewachsen wie die hübschen Blümchen in den Pflanzenkübeln.
Manche Leute sind Penner. Die laufen auch durch die Straßen und schieben volle Einkaufswagen vor sich her. Silke erklärt, dass sich in den Wagen **ihr ganzes Hab und Gut** befindet, und das ist nicht viel, ein paar Flaschen Bier, Zwieback, eine extra Unterhose und eine Windjacke. Die Penner sind arm, sie haben kein Zuhause, kein **Dach über dem Kopf**, aber sie mögen diese Stadt. Weil es erstens meistens warm ist. Es gibt nie Schnee in Sandfranz-ist-so. Und zweitens bekommen die Penner hier von der Stadtverwaltung einige Dollars im Monat, mehr als anderswo. Die Dollars reichen, um was zu essen und zu trinken zu kaufen. Ab und zu können die Penner auch in die Badeanstalt gehen.
Aha.
Und von über-, über-, überall in Sandfranz-ist-so kann man ein **Wahrzeichen** sehen.
Papa weiß, wie das heißt.
»Das ist die Transamerica Pyramide.«
Die Tanz-Amerika-Pyramide sieht einer echten Pyramide nicht besonders ähnlich. Die echten Pyramiden stehen in Ägypten. Hat Millie gesehen.
Die Tanz-Amerika-Pyramide ist viel spitzer und sie besteht

nur aus Fenstern. Sie hat oben, wo die Pyramide eigentlich zu Ende ist, noch eine Extraspitze, die leuchtet wie aus reinem Gold.
Mama und Papa sind von Sandfranz-ist-so ganz **begeistert**.
»In dieser Stadt wurden auch viele Filme gedreht«, sagt Papa. »Hauptsächlich fürs Fernsehen. Ich erinnere mich an diese Serie mit den beiden Polizisten: *Die Straßen von San Francisco* … Wie hießen die noch?«
Ob Mama sich erinnert?
»Oh ja, warte mal, der eine war Michael Douglas und der andere … ja, ich weiß … Karl Malden, der hatte diese Kartoffelnase«, sagt Mama. »Ich durfte die Serie eigentlich gar nicht sehen, das waren ja Krimis, und ich war noch viel zu klein. Aber heimlich habe ich die mir doch schon mal angeguckt.«
»Genau«, sagt Papa und lacht. »Ich habe mich aus meinem Zimmer geschlichen und hinter dem Sessel im Wohnzimmer versteckt. Gemütlich war das nicht, aber gelohnt hat es sich trotzdem.«
Ach, sieh mal an!
Papa hat die Fernsehfilme gut behalten. Nicht nur seine Füße sind groß, in seinem Kopf ist auch viel Platz. Deshalb kann er Millie auch erzählen, was auf den Straßen von Sandfranz-ist-so los gewesen ist, damals, als Papa sich hinter dem Sessel verstecken musste.

An der fünften Straße findet man das tollste Einkaufszentrum, das es gibt. Gold und Glitzerglanz. Man kann viel Geld ausgeben. Wenn man Geld hat.
Unten jedoch, im tiefsten Stockwerk, hausen drei Penner. Nachts schlafen sie dort, aber tagsüber laufen sie draußen herum und gucken, ob sie in den Papierkörben was Leckeres zu essen finden, vielleicht einen halben Hamburger oder eine Handvoll Pommes.
Eines Tages sind die Penner verschwunden.
Maik Dackel und Kalle Kartoffelnase machen sich auf die Suche. Sie sind nämlich Polizisten.
Sie fahren ein großes Auto, das nennt man Schlitten. Mit diesem Schlitten preschen sie durch die Straßen, huihuihui. Auf den schnörkeligen Straßen nehmen sie mit iiijeeehhhiii die Kurven. Und rawummrawumm macht es, wenn sie die Hügel hinunter zum Hafen sausen und der Schlitten durch die Luft fliegt. Buff, schlagen die Reifen auf, und die Funken stieben und der Auspuff raucht.
Die Polizisten finden die drei Penner. Weil es ein Krimi ist, sind sie leider tot. Wer hat sie denn um die Ecke gebracht? War es der Boxer oder der Gangsterboss? Das muss Kalle Kartoffelnase herausfinden.
Maik Dackel ist schon hinter einer gestohlenen Briefmarke her. Und hinter einem Millionär. Und hinter einer Hellseherin. Huihuihui, iiijeeehhhiii, rawummrawumm. Buff.

Leider wird Millie die Fernsehfilme noch lange nicht sehen können. Weil das Krimis sind. Sie durfte ja nicht einmal *King Kong* anschauen, obwohl sie inzwischen schon viel aushalten kann, zum Beispiel *Bambi*. Und auf den Geburtstagsfeiern bei ihrer Freundin Kucki gibt es auch Videos von spannenden Kinofilmen zu sehen oder Filme von diesen runden Dingern, von den Dreh-Faul-Drehs. Hah!

Bevor es jetzt quer durch die Stadt an den Ozean geht, entdeckt Millie noch einen richtigen Spielplatz. Mitten in Sandfranz-ist-so. Ein großes Schild steht dort in dem kleinen Park. Was steht drauf?

Vielleicht, dass es nicht erlaubt ist, den Rasen zu betreten? Oder dass Hunde an der Leine zu führen sind?

Nein.

Papa kann den Text auf dem Schild prima übersetzen.

Bitte den Rasen betreten.

Erwachsene dürfen nur in Begleitung von Kindern auf den Spielplatz.

Na so was. Sandfranz-ist-so ist eine richtig nette Stadt. Wenigstens für Kinder und für Penner.

Gold-Britschi

Das Meer! Das Meer!

Es ist nicht die Nordsee. Das weiß Millie. Es ist auch nicht die Ostsee. Es wird die Westsee sein. Sie sind doch im Wilden Westen von Amerika.

»Das ist der Pazifische Ozean«, sagt Papa.

Aha.

Man kann von ganz oben ganz tief runter auf den praktischen Ozean schauen. Von einem Felsen aus. Man sagt aber nicht Felsen, sondern Kliff.

Das Meer sieht toll aus. Blaues Wasser und weiße Wellen. Und ein endloser, weiter Strand.

Komisch, dass niemand ins Wasser geht.

»Hier kommt keiner auf die Idee zu baden«, sagt Silke. »Es ist zu gefährlich.«

Warum?

Weil die Fische aus dem praktischen Ozean ans Ufer schwimmen und einen in den A… A… A… beißen?

Nee, wegen der starken Strömung.

Aber schön ist der Ozean doch. Schön zum Ansehen.

»Jetzt haben wir aber Glück«, sagt Silke. »Der Nebel über der

Meerenge hat sich aufgelöst, und wir können die Golden Gate Bridge vollständig sehen.«

Oh ja!

Die Gold-Britschi schwingt sich ganz locker wie an Fäden hängend über die Bucht.

Boah.

»Hier, wo das Meer sich verengt, war schon immer das goldene Tor zur Stadt San Francisco«, erklärt Silke.

Aha. Deswegen heißt die Brücke ja auch Gold-Britschi.
Die ganze Stadt besteht aus Farben, aus Gold und Silber und Rot und Blau. Und was ist mit Weiß?
Oh ja. Weiß, das sind die Kackmöwen, die hoch über der Brücke segeln.
Eigentlich sieht die Brücke total verrostet aus. Ist sie aber nicht. Die Brücke ist mit einer komischen Farbe angestrichen. Man streicht sie ständig neu. In Orange-Rost-Rot. Die Maler hängen dort an Seilen und pinseln die Brücke an. Das kann man sehen.
Wird denen nicht schwindelig?
»Die Männer brauchen ein Jahr, bis sie mit dem neuen Anstrich am anderen Ende angekommen sind«, sagt Papa. »Und da können sie gleich wieder umkehren und von vorne anfangen.«
»Das dauert wieder ein Jahr«, sagt Millie.
Ist doch logisch.
Und woher weiß Papa das?
»Hab ich mal gehört«, meint er.
Wird schon nicht gelogen sein.
Millie geht ans Geländer und testet, ob die Farbe vielleicht noch feucht ist. Nö, ist schon trocken.
Trudel muss natürlich auch ausprobieren, ob die Brücke frisch gestrichen ist.

Trudels Finger wird aber feucht.
Wieso denn das?
Trudel macht eine fiese Schnute. Sie hält Mama den Finger unter die Nase.
»Fuifui«, jammert sie.
Was denn? Was denn?
Ach, du liebe Zeit. Trudel hat in Möwenkacke gefasst, pfui Teufel.
Mama kramt ein Papiertaschentuch aus ihrer Tasche und wischt Trudels Finger ab.
Weil die Gold-Britschi so berühmt ist, wollen Papa und Mama wenigstens bis zur Hälfte drüberlaufen. Ganz rüber ist zu weit. Das sind ja tausend Kilometer.
Oder?
»Fast drei Kilometer«, meint Papa und schlägt vor: »Wir laufen nur bis zum ersten Brückenpfeiler.«
Ja, das wird reichen. Aber bitte vorher noch ein Schlückchen aus der Nuckelflasche trinken.
Millie trinkt die halbe Flasche leer, Trudel die andere Hälfte. Mann, von ihrem Bäuerchen wird man fast erschossen! Und die lacht noch darüber.
Dann aber los, marsch, marsch.
Der Brückenpfeiler sieht von Weitem aus wie eine Trittleiter mit vier Stufen. Man könnte, lalalalala, gleich mal hoch-

klettern. Aber wenn man näher kommt, merkt man, dass man ganz schön **gelackmeiert** wäre, wenn man das versuchen sollte. Geht gar nicht. Ist riesig.

Und schwankt die Brücke nicht sogar ein bisschen? Millie hat ein ganz mulmiges Gefühl.

»Mir ist ein wenig unheimlich«, sagt nun auch Mama. »Und außerdem … Ich weiß nicht … Hier gibt es doch immer Erdbeben.«

»Kann passieren«, sagt Papa. »Die Kontinentalplatten stoßen hier aufeinander. Unter Umständen kann ganz San Francisco in die Tiefe gerissen werden. Der berühmte Andreasgraben ist hier irgendwo ganz in der Nähe.«

Was, Papa? Ein tiefer Graben? Warum hast du das nicht gleich gesagt? Lass uns bloß abhauen aus Sandfranz-ist-so. Lieber sofort nach Mollywut fahren. Nach Hollywood, jaja.

»Wird schon nichts passieren«, beruhigt Papa seine Familie.

Na, wenn Papa das sagt!

Das mit dem Erdbeben und dem tiefen Graben hat Millie aber schon vergessen, sobald sie wieder im Bus sitzt und zum Hafen kutschiert wird.

Was gibt's denn da zu sehen?

Klar doch, im Hafen gibt es Schiffe. Große, kleine und mittlere Schiffe. Wenn die kleinen Schiffe mit ihren Segeln in der

Bucht herumschippern, sehen sie aus wie weiße Papierschiffchen, sooo klein, so klitzeklitzeklein.
Und nun darf Millie sogar selbst auf einem der Schiffe in der Meeresbucht herumfahren.
»Zur rechten Hand ragt die berühmte Gefängnisinsel Alcatraz aus dem Wasser«, ertönt es aus dem Lautsprecher. »Wir umrunden jetzt die Felseninsel, auf der die schlimmsten Verbrecher eingekerkert waren.«
Alle recken die Hälse, um Alte-Katz zu sehen. Auch Jack, der Pirat. Piratengeschichten sind ja auch Verbrechergeschichten. Oder etwa nicht?
»Alcatraz kommt von *Pelikan*«, weiß Mama. »Das ist ein indianischer Ausdruck.«
Na gut, dann heißt die Insel eben nicht Alte-Katz, sondern Alter-Pelikan. Und guck mal, da sitzen wirklich Pelikane. Dort am Ufer und auf den kleinen Felsbrocken rund um die Insel.
Pelikane!
Oh. Hat Millie noch nie in lebendig gesehen. Die haben doch tatsächlich so einen Beutel unten am Schnabel hängen. Was man im Fernsehen sieht, gibt es auch in Wirklichkeit. Das muss man erst mal kapieren.
»Trudelchen, hast du schon mal Pelikane in echt gesehen?«
»Jaha«, sagt Trudel.

Lügnerin. Sie kann das Wort ja noch nicht mal aussprechen.
»Sag mal Pelikan, Trudel. Pelikan!«
»Bebikan«, sagt Trudel.
Babykahn! Ach, Trudelchen. Millie hat's ja gewusst.
»Über Alcatraz gibt's doch einen Film«, meint Mama.
»Einen Film?«, sagt Papa empört. »Es gibt mehrere Filme, die dort spielen, mit Burt Lancaster zum Beispiel oder Sean Connery. Und dann dieser tolle Streifen mit Clint Eastwood.«
»Sag bloß, den kennst du?«, fragt Mama nach.
»Und ob«, sagt Papa.
Na, dann erzähl doch mal. Erzähl uns die Geschichte mit King Misthof, Papa.

Und da, sieh an, sieh an, nimmt sogar Jack, der Piratenkapitän, seine Stöpsel aus den Ohren und hört zu.

Es war einmal ein böser Verbrecher. Der ist auf der Gefängnisinsel Alcatraz eingesperrt.
Die Zelle, in der King Misthof sitzt, ist so groß wie ein Mauseloch mit Klo und Bett. Zu essen bekommt er nur Wasser und Brot. Außerdem sind die Gefängniswärter sehr gemein zu ihm.
Jeden Tag dasselbe: wecken um halb sieben, waschen, Zelle aufräumen, raus auf den Hof, zählen, Gänsemarsch, frühstücken, arbeiten, arbeiten, arbeiten, um halb zwölf Mittagessen.
Danach fast das Gleiche.
Raus auf den Hof, zählen, Gänsemarsch, arbeiten, arbeiten, arbeiten, halb fünf essen, halb zehn Licht aus.
Das hält kein Mensch aus.
Nachts kann King Misthof die Lichter von Sandfranz-ist-so sehen.
Er beschließt, aus dem Gefängnis auszubrechen.
Viele Gefangene haben das schon versucht, aber bisher sind alle auf der Flucht erschossen worden oder sie sind im Meer ersoffen.
King Misthof denkt sehr lange über seine Flucht nach. Zuerst buddelt er ein Loch in den Boden und dann einen Tunnel. Das dauert und dauert. Schließlich gelingt ihm die Flucht von der Gefängnisinsel. Doch kein Mensch weiß, ob er das andere Ufer je erreicht hat oder doch abgesoffen ist.

Schreckliche Geschichte, gell?
Obwohl … Zu Hause ist es ja ähnlich wie im Gefängnis.
Jeden Tag dasselbe.
Wecken um sieben, waschen, frühstücken, raus auf die Straße, marsch zur Schule, lernen, lernen, lernen, um eins Mittagessen.
Danach fast das Gleiche.
Lernen, lernen, lernen, spielen, Zimmer aufräumen, halb sieben essen, halb neun Licht aus.
Das muss der Mensch aushalten. Kein Grund abzuhauen.
Ob Jack den Film gut findet, kann Millie nicht erkennen. In seinem Gesicht kann man nicht lesen.
Das Boot macht jetzt noch eine Riesenschleife über die Bucht, und die Insel Alte-Katz wird kleiner und kleiner. Schließlich legt das Schiff am Pier an.
»Pier heißt hier der Hafenkai am Fischerman's Wharf«, sagt Papa.
Und was ist das da?
Vor dem Fischermanns Wuff wälzt sich eine Herde Seelöwen im flachen Wasser. Guck mal, Trudel! Hier gibt's nicht nur Pelikane in lebendig, sondern auch echte Seelöwen.
Das sind aber dicke Bellos! Sie liegen dicht an dicht und wärmen sich gegenseitig den Bauch.
Und ganz in der Nähe vom Holzsteg, über den man mit

Karacho trampeln kann, hocken wieder Pelikane. Sie tragen ein weiß-braun-graues Federkleid. Vor Menschen haben sie keinen Schiss.

Am Pier kann man leckeres Essen kaufen. Sogar in Tüten. Der Opa hat Jack eine Fressi-Fressi-Tüte spendiert. Aus der Tüte fallen Stückchen auf die Erde, Pommes und Zwiebeln und Brotreste. Das merkt Jack gar nicht.

Tsi-tsi-tsi-tsi-tsi-tsi-tsi-tsi.

Trudel hat es gemerkt und hebt ein paar platt gedrückte Pommes auf.

Man darf doch nichts essen, was man auf der Straße findet!

»Trudel!« Millie brüllt **aus Leibeskräften**.

Trudel hat keine Ohren. Mannomannomann.

Die kleine Schwester will die Pommes aber gar nicht selber essen. Sie rennt damit über die Planken. Will sie etwa durchs Geländer klettern und die Pelikane füttern?

Hilfe! Hilfe!

Millie rennt Trudel nach.

Mann, die kann vielleicht flitzen!

Bevor sie aber das Geländer erreicht und womöglich noch durch die Absperrung klettert und ins Meer plumpst, muss sie an Jack vorbei.

Tsi-tsi-tsi-tsi-tsi-tsi-tsi-tsi.

Der sieht nichts und der hört nichts.

Aber doch!
Gerade, als die kleine Schwester an ihm vorbeisausen will, streckt Jack den Arm aus und fängt Trudel ab.
Hoppala.
Trudel schaut ihn ganz verdattert an.
Da hat Millie sie auch erreicht und packt die kleine Schwester am Pulli. Und soll sie nun Jack Danke schön sagen, weil er Trudel das Leben gerettet hat?
Der tut schon wieder so, als ginge ihn das alles gar nichts an.
Tsi-tsi-tsi-tsi-tsi-tsi-tsi-tsi.
Jack hat Trudel gar nicht angesehen, auch wenn er so mir

nichts, dir nichts seinen Arm ausgestreckt und eine richtige Katastrophe verhindert hat.
Mann, ist der **cool**, Mann.
Mama ist inzwischen auch angerannt gekommen.
Alles in Ordnung, Mama.
Das hat Mama schon gesehen. Sie sagt: »Danke schön, Jack«, und lächelt ihn an.
Ob Jack das mitbekommt?
Heh, Dschäck!
Jack zuckt mit einer Schulter und zieht seine rechte schwarze Augenbraue hoch. Oh! Er könnte wirklich ein toller Pirat sein. Jack ist **cool, cooler, am coolsten**. Ob er aber überhaupt richtig sprechen kann? Millie hat noch kein vernünftiges Wort von ihm gehört.
An Mamas Hand streckt Trudel nun ihre Pfote durchs Geländer. Auf der anderen Seite, ganz nah an den Holzbalken, hat sich nämlich ein Pelikan niedergelassen.
»Putputput«, ruft Trudel und lässt die Pommes, die aus Jacks Tüte gefallen sind, in ihrer Hand hin- und herschwingen.
Putputput, mein Hühnchen? Ein Pelikan ist doch kein Huhn! Und stolz ist der Pelikan sowieso. Er **ignoriert** Trudel und ihre Pommes. Klar, er wird ja schon einige Fische aus dem praktischen Ozean verschnabuliert haben.

Die Knebel-Bahn

Überall in der Stadt kann man die berühmten Straßenbahnen von Sandfranz-ist-so sehen. Die gibt es in Grün-Rot und in Braun-Gelb und in Wer-weiß-was-alles.

»Die sind einmalig auf der Welt«, behauptet Mama. »Die Wagen der Cable-Cars klinken sich in ein Kabel ein. Das läuft quer durch die ganze Stadt, mitten auf der Straße, und so werden die Wagen hochgezogen und können sogar die Hügel von San Francisco bewältigen.«

Millie kann sehen, wie sich die dicken Kabel der Knebel-Bahn in einer Rille durch die Straße ziehen. Sie haben Haken, an denen sich die Wagen festhalten können. Es sieht aus wie bei einer Achterbahn.

Millie würde auch gerne mal mit dieser Achterbahn rabumm-rabumm durch die Stadt fahren. Aber die Warteschlange an der Haltestelle der Knebel-Bahn ist ellenlang. Sie macht Bogen und Kurven, die reichen bestimmt bis zur Gold-Britschi. Die wartenden Leute bekommen schon einen **Hitzschlag**. Es sind mindestens hundert Grad in Kalli-wohin.

»Vierzig Grad Celsius«, schätzt Papa.

Aber in der Sonne doch bestimmt hundert Grad!

Also lassen sich Mama, Papa, Millie und die kleine Schwester heute in einem Taxi zum schönsten Park in Sandfranz-ist-so fahren. Mit Klimaanlage!
»Golden Gate«, sagt Mama zum Taxifahrer.
Das heißt goldenes Tor, erklärt sie, und deswegen heißt die Gold-Britschi auch so, und die wird ganz in der Nähe sein. Am goldenen Tor gibt es Schatten und Plansch-Wasser für die Füße, Eiscreme für die Mäulchen und ausnahmsweise Zitronensprudel für den Durst. Keine Cola!
Bitte den Rasen betreten.
Als sie dann gegen Abend wieder im Hotel mitten in der Stadt sind, haben sie alle fürchterlichen Hunger.
Klar.
Trudel ist deshalb schon knatschig. Sie kann sich nicht benehmen und schmeißt sich mit Schuhen und allen Klamotten auf das große Ruhebett. Sie braucht ein Knuddelkissen. Bis sie die sauber eingeschlagene Tagesdecke abgezogen hat und sich das Kopfkissen schnappen kann, reißt ihr schon der **Geduldsfaden**. Sie lässt einen schrecklichen Heulton los.
»Trudel!«, brüllt Millie.
Aber Mama sagt: »Lass sie. Deine Schwester ist einfach nur übermüdet.«
Ach, so nennt man das, wenn jemand rummault. Das muss Millie sich merken.

Weil die kleine Schwester **k. o.** ist, machen sich Papa und Millie auf den Weg, um Mitnehm-Essen zu suchen. Das wird es hier doch an jeder Ecke geben. Ihr Hotel liegt ja fast direkt an der Hauptstraße. Die ist links, wo der Daumen rechts ist. Es ist die Marktstraße, da wird es doch bestimmt Mohrrüben, Käsebrötchen und vielleicht auch ein gegrilltes Hühnchen geben.
Draußen, vor dem Hotel, stehen Jack und sein Opa herum. Wahrscheinlich sind sie auch auf der Suche nach einem **kleinen Imbiss**.
Papa überlegt laut: »Soll man jetzt nach rechts oder nach links gehen?« Er sieht den Opa fragend an.
Der macht, was Jack sagt.
Jack sagt gar nichts. Er schlurft einfach nach rechts.
Tsi-tsi-tsi-tsi-tsi-tsi-tsi-tsi.
Natürlich hat er wieder die Stöpsel im Ohr.
Papa ist **unschlüssig**. Schließlich sagt er: »Wir gehen nach links. Was, Millie?«
Millie macht auch, was Papa sagt. Heute, aber nicht immer.
Da ist schon die Marktstraße. Leider ist sie so gut wie ausgestorben. Nix los. Nur ein paar Klamottenläden haben geöffnet. Millie könnte zwar was gebrauchen, ja: eine neue Jeans mit rotem Schildchen auf der Pobacke oder rosa Stiefelchen mit Fellbesatz, aber Essen geht vor.

Wo soll man das nun herbekommen?
Papa läuft und läuft. Und Millie läuft und läuft.
Weiß Papa denn, wohin er läuft?
»Hm«, macht Papa. »Gleich hier vorne ist das Chinesenviertel. Das ist berühmt für seine Restaurants. Da werden wir was zu essen finden.«
In Ordnung, Papa. Aber gib mir lieber mal die Hand.
Jetzt überqueren sie die breite Straße. Papa kennt sich aber gut aus in Sandfranz-ist-so. Prima, prima.
Langsam wird es dunkel. Macht nichts. Millie hat ja Papa.
Oh, oh. Was ist das denn für ein dunkler Tunnel da vorne?
Wenn Millie nicht bereits an Papas Hand laufen würde, dann müsste sie sich spätestens jetzt seine Pfote krallen.
Schon sind sie in der dunklen Unterführung. Schwarze Nacht. Puh. Schön sieht es hier nicht aus.
Aber jeder Tunnel hat ja wohl mal ein Ende. Oder? Es soll doch immer **Licht am Ende des Tunnels** geben.
Lalalalala.
Ob Millie jetzt vielleicht was singen soll?
Ach nein. Eigentlich ist ihr nicht nach Singen zumute. Lieber will sie Papa eine Geschichte erzählen. Dann wird die Zeit schneller vergehen und das Licht wird endlich auftauchen.
»Papa, kennst du den Film mit dem einsamen Jungen?«
»Hm?«, macht Papa.

Hört er Millie überhaupt zu?
Egal, sie fängt einfach mal an zu erzählen.

Alle Jahre wieder kommt das Christuskind. Und der Weihnachtsmann. Und Heiligabend. Alle freuen sich darauf, aber in diesem Jahr will die Familie verreisen. Mit Taxi und Flugzeug und allen, allen Kindern.
Die Familie hat viele Kinder. Das ist ein Durcheinander. Sie vergessen, den Jungen mitzunehmen, auch die Mama denkt nicht dran.
Der Junge ist ein bisschen klein und ein bisschen groß. Er ist acht Jahre alt. Ganz allein bleibt er im Haus zurück.
Hat er etwa Angst?
Nee, nee, lustig, lustig, trallalalala. Er schmückt sogar allein den Weihnachtsbaum. Endlich kann er machen, was er will. Kekse fressen. Fernsehen glotzen. Alle Filme, die es gibt. Sogar Krimis.
Aber dann kommen die Räuber. Hah! Haben sie gedacht, dass sie einfach so ins Haus einbrechen können?
Da haben sie sich aber geschnitten. Der Junge ist nämlich ganz schön schlau. Ihm fallen gute Sachen ein, damit die Räuber immer wieder auf die Schnauze fallen, patsch, patsch, aua, aua, wumm, wumm.
Am Schluss ist der Junge Sieger. Die Räuber wandern ins Gefängnis, und die Familie kommt wieder nach Hause. Ende gut, alles gut.

»Und weißt du, was für ein Film das ist, Papa?«
»Was?«, murmelt Papa. Mann, er ist gar nicht **bei der Sache**.
»Wie heißt der Junge?«
»Öööhhh«, macht Papa.
»Das ist Kevin«, erklärt Millie. »Das ist der Junge, der allein zu Hause bleibt!«
»Kevin allein zu Haus?«, fragt Papa nach. »Woher kennst du denn den Film?«
»Hab ich bei Kucki angesehen«, sagt Millie. »Geburtstagsfilm!«
»So eine schreckliche Geschichte? Ist doch bestimmt erst für Kinder ab zwölf Jahren geeignet.«
»Ich bin zwölf«, sagt Millie.
Papa ist wirklich nicht bei der Sache. Er hat nicht einmal gemerkt, dass Millie **Stuss** geredet hat.
Aber der Film mit Kevin, der alleine zu Haus geblieben ist, war gar nicht schrecklich, er war ganz toll. Und … wenn Kevin acht Jahre alt sein soll, dann darf Millie mit sieben doch wohl sehen, was ihm passiert ist. Oder? Außerdem war der Film ein Familienfilm. Und nicht ein Film für Kinder ab zwölf Jahren.
Doch Papa hat jetzt andere Sorgen. Sie haben zwar endlich das Ende des Tunnels erreicht, aber inzwischen ist es noch

unheimlicher geworden. Man kann nicht einmal die Straßenschilder lesen. Chinesisch! Und die Restaurants haben schon geschlossen.
Papa versucht trotzdem, die Schriftzeichen zu entziffern.
Ach, Papa, du kannst doch auch kein Chinesisch. Wahrscheinlich haben die Restaurants alle zu, weil heute so ein blöder **Ruhetag** ist.
Die kleinen chinesischen Bimmellämpchen leuchten traurig vor sich hin, und die winzigen grünen Drachen schwingen erschöpft im Luftzug. Und Millies Magen knurrt. Da sitzt nämlich schon ein großer hungriger Bär drin.
Und jetzt?
Papa blickt sich suchend um.
Er sagt: »Wir gehen mal nach rechts, dorthin, wo das meiste Licht ist.«
Hat Papa etwa Angst? Könnten hier auch die Räuber kommen? Papa und Millie allein in der Stadt?
Oha. Jetzt kommt ein riesengroßes Drachentor mit drei Schlupflöchern. Wenn sie da durchflitzen, sind sie bestimmt gerettet.
»So«, sagt Papa auf der anderen Seite. »Wenn wir jetzt nach links laufen, dann auf die andere Seite, den Hügel hoch, dann müssten wir wohl wieder auf der Hauptstraße landen. Was meinst du, Millie?«

»Lieber nach rechts gehen«, sagt Millie leise.
Aber sicher ist sie sich nicht. Deswegen wird getan, was Papa vorgeschlagen hat.
Dort, auf der Straße, die in riesigen Wellen hinaufführt, kommt rimmelbimmelbammel eine Straßenbahn angezuckelt. Die Knebel-Bahn!
Papa und Millie nehmen **die Beine in die Hand**, sie rennen, so schnell sie können, um die Haltestelle noch rechtzeitig zu erreichen.
Geschafft!
Ujuijuijuijui. So eine olle Bahn hat Millie ja noch nie gesehen. Ob die alte Knatterkiste die Fahrt über die buckligen Straßen überhaupt aushält?
Millie muss sich schnell hinsetzen und festhalten. Papa löst die Fahrkarten. Dann geht's los, ruckelzuckel, quietschquietsch.
Es gibt gar kein Lenkrad in der Knebel-Bahn. Ach ja, die Bahn muss ja nur den Kabeln folgen. Sie kann gar nicht anders. Sie ist ja unten festgeklemmt.
Der Fahrer hat dicke Handschuhe an und bewegt zwei lange Hebel, die eine Ledermütze tragen. Der eine Hebel ist vielleicht das Anklemmdings. Und der andere ist wohl die Bremse.
Wenn sich die Bahn den Hügel aufwärtsbewegt, dann lässt

der Fahrer den einen Hebel einrasten. So wird die Knebelbahn hochgezogen. Wenn es runtergeht, dann löst er einen Hebel und die Bahn fährt ohne Bremsen. Ach, du meine Güte. Ujuijuijuijui.

Da ist die Endstation.

Wo sind sie jetzt?

Das darf doch wohl nicht wahr sein. Sie sind unten am Pier, da, wo die Pelikane und die Seelöwen wohnen und längst schlafen und schnarchen.

Papa und Millie haben die falsche Bahn genommen!

Na gut. Da dürfen sie eben noch einmal Achterbahn fahren.

Papa und Millie allein in der Stadt! Das ist ja eine schreckliche Geschichte. Die kann man ja keinem erzählen. Wenn Mama das erfährt, bekommt sie **einen Herzschlag**.

Na, wenigstens sagt ihnen der Fahrer, wo sie aussteigen müssen. Dann nach links, dann nach rechts, dann wieder nach links. Wenn Papa das mal richtig verstanden hat. Millie jedenfalls hat nix kapiert. Sie kann ja kein richtiges Englisch und erst recht kein Amerikanisch.

Jetzt aber raus aus der Bahn. Dann nach links und nach rechts und wieder links.

Papa blickt sich suchend um.

Millie schaut Papa an.

Na?

Ja, so geht es, wenn Papa und Millie allein unterwegs sind. Es ist pechschwarze Nacht. Alle Leute sitzen zu Hause, haben die Lampe angemacht und essen Pommes mit Ketchup. Und hier draußen kommen gleich die Räuber.
Nein! Es ist doch klar, wer jetzt kommt. In Sandfranz-ist-so sind auch nachts die beiden Polizisten Maik Dackel und Kalle Kartoffelnase mit ihrem Schlitten unterwegs. Millie erkennt Kalle sofort an der Kartoffelnase. Maik Dackel ist aber eine Frau, Papa!
Maik und Kalle halten an und kurbeln das Fenster runter. Ob sie helfen können?
Oh ja!
Papa sagt ihnen, dass er und Millie sich verlaufen haben. Der Polizei darf man das sagen, denn die Polizei ist **dein Freund und Helfer**.
Maik Dackel und Kalle Kartoffelnase zeigen **mit Händen und Füßen** den Weg zum Hotel. So, dass auch Millie versteht, wo's langgeht. Eine Straße zurück und dann nach links und dann nach rechts. Und Maik und Kalle brausen mit ihrem Schlitten wieder weiter, huihuihui, iiijeeehhhiii und rawummrawumm.
Hurra! Da ist tatsächlich das Hotel. Mama und Trudel werden vor lauter Hunger schon **die Wände hochgegangen sein**.

Nein?
Mama und Trudel sitzen unten in der Hotelhalle und mampfen Pommes mit Ketchup.
Wo haben sie die denn her?
»Och«, sagt Mama. »Wir haben Jack und seinen Opa gefragt, wo sie ihre Pommes gekauft haben. Jack hat nur mit dem Kopf in die Richtung gezeigt.«
Ach … dort? Gleich rechts vom Hotel, bloß einen Häuserblock entfernt?
Manno! Und Jack, der Pirat, hat ihnen das gezeigt? Mit einer Kopfbewegung? Netter Pirat. Aber sprechen kann er immer noch nicht.
Haben Mama und Trudel was von den Pommes übrig gelassen?
Klar. Los, gebt mal her!
Millie kann es gar nicht erwarten, was in sich hineinzustopfen, damit der Bär in ihrem Bauch endlich Ruhe gibt. Sie grapscht nach der aufgerissenen Pommestüte und zieht sie mit einem lauten Heulton zu sich herüber. Das mit dem Heulton hat sie von Trudel gelernt.
»Millie!«, ermahnt Mama. »Langsam, langsam. Benimm dich mal.«
»Ach, Mamilein«, sagt Millie. »Ich bin einfach nur übermüdet.«

Papa aber hat's den Appetit verschlagen. Erst mal muss er berichten, was er und Millie gerade erlebt haben.
Und Millie hat recht gehabt: Mama kriegt wegen Papas und Millies Ausflug einen Herzschlag.
Was?
Nein! Keine Angst, keine Angst, das sagt man bloß so.

Lauter Notfälle

Auf Wiedersehen, Sandfranz-ist-so. Auf Wiedersehen, Maik Dackel und Kalle Kartoffelnase. Heute geht die Reise weiter quer durch den Wilden Westen.
Ab in den Bus.
Oh, wie angenehm es hier ist. Obwohl die Sonne so heiß auf sie herabscheint, merkt man im Bus nichts davon. Klimaanlage! Und die Kühlbox mit den Nuckelflaschen steht auch bereit!
In Amerika dürfen die Autos auf den Straßen nicht rasen. Die Busse erst recht nicht. Also schaukelt ihre Kiste ganz gemütlich dahin.
Huah.
Das ist ja wie in einem Babywagen. Millie schläft fast ein, dabei will sie doch alles mitkriegen.
Huah.
Sogar Jack ist eingepennt, obwohl sein Tsi-tsi-tsi-tsi-tsi-tsi-tsi-tsi ihm ins Ohr zischt. Aber sein Kinn ist runtergesackt. Na, Jack sieht vielleicht blöd aus. Schaut Millie etwa auch so dusselig aus, wenn sie schläft?
Sie kämpft gegen die Müdigkeit. Huah.

Millie reibt sich die Augen und schaut raus auf die Straße. Der Bus fährt so **lahmarschig**, dass er sogar von Lastwagen überholt wird. Und diese Brummis huten und tuten, dass es einem auf die Nerven geht. Aber sie sehen toll aus. Glitzerrot, Glitzerblau und Glitzertürkis. Sie heißen auch nicht Lastwagen und eigentlich auch nicht Brummi, sondern Truck. Track! Und jeder Truck hat in seiner Hupe eine andere Tut-Melodie.
Fu-fu-fu-fü-ta-ta.
Iii-mmmiii-iii-mmmiii-iii-maaa-muuu.
Miau-mio, miau-mio.
Es ist, als würden sich die Trucks unterhalten.
Und sonst ist heute nichts los? Millie schaut sich um.
Ganz hinten im Bus gibt es ein Klo. Nur für den Notfall. Das hat Silke ihnen erklärt.
Millie versucht sich gerade vorzustellen, wie so ein Notfall aussehen könnte, da passiert was.
Aber holla.
Rappeldibimm. Rappeldibamm. Rappeldibumm.
Was ist denn jetzt los?
Der Bus ist **in die Knie** gegangen.
Panne!
Oha. Ein Reifen ist geplatzt. Mitten auf dieser schönen, schnurgeraden Straße.

Auweia.
Es dauert ein Weilchen, bis der Bus zum Stehen kommt. Alle, die gepennt haben, sind aufgeschreckt. Auch Jack. Er reißt sich die Stöpsel aus den Ohren.
Na, da guckst du doof, Dschäck, was? Da hast du gerade was verpasst.
Alle aussteigen! Und schön am Straßenrand stehen bleiben! Da, wo das strohtrockene Gras anfängt und die Disteln stehen. Das sieht aus wie in der Wüste.
»Warum können wir denn nicht im Bus sitzen bleiben, Papa?«
Papa kratzt sich den Schädel.
Weiß er das nicht?
Doch. Jetzt fällt ihm was ein.
»Im Bus wird es zu heiß sein«, sagt er. »Die Klimaanlage funktioniert nicht, wenn der Bus steht.«
Aha.
»Und das Klo?«, fragt Millie weiter. »Funktioniert das denn?« Sie meint, für den Fall, dass es einen Notfall geben wird.
Nein, nein, sie muss nicht. Aber was ist, wenn Trudel muss?
Silke gibt **eine Anweisung**: Niemand darf die Toilette benutzen, solange der Bus nicht weiterfahren kann.
Oha.
Wie lange wird das dauern?

Weiß kein Mensch. Jedenfalls muss ein komplettes Busrad aus der Stadt herbeigeschafft werden. Das ist auch ein Notfall.

Muss man jetzt jammern oder meckern? Was passiert, wenn Trudel wieder übermüdet ist? Und wenn doch jemand aufs Klo muss?

Millie muss wirklich nicht, aber Mama muss plötzlich dringend **austreten**. Sie hat nämlich viel zu viel Kaffee zum Frühstück getrunken und führt schon einen Pipi-Tanz auf.

»Geh doch hinter einen Busch«, schlägt Papa vor.

»Hm«, macht Mama und sieht sich um. »In dieser Wüste?«

Die Büsche in der Wüste sind ziemlich klein. Und ziemlich trocken. Die wenigen Blätter sind verwelkt und hängen schlapp an den Zweigen. So ein Busch ist kein gutes Versteck.

Aber mit einem Mal müssen alle **wie auf Kommando** Pipi machen.

»Die Herren ganz nach rechts und die Damen ganz nach links«, schlägt Silke vor. »Erst die Damen, dann die Herren.«
Man muss Silke gehorchen.
Als die Damen wieder zurückkommen, fragt Mama, ob es hier denn keine Schlangen gebe.
»Doch«, sagt Silke. »In ganz Kalifornien gibt es Schlangen. Am verbreitetsten ist die Diamantenrücken-Klapperschlange.«
»Oh«, sagt Mama und wird trotz der Hitze ganz blass. Leise sagt sie: »Ich habe aber keine Schlange gesehen.«
»Die kann man auch erst sehen, wenn man gebissen wird«, sagt Silke.
»Oh«, wiederholt Mama.

Silke will Mama beruhigen. »Aber die Klapperschlangen kommen erst bei Sonnenuntergang raus, um sich ihr Abendbrot zu holen.«
Na, **prost Mahlzeit**.

Mama holt tief Luft. Dann fragt sie: »Müsst ihr auch mal hinter den Busch?«
Mama, das meinst du doch wohl nicht im Ernst?
Millie schüttelt den Kopf.
Trudel schüttelt auch den Kopf.
Es gibt doch ein Klo im Bus für den Notfall!
Jetzt kommt aber erst mal der Reparaturwagen mit dem Ersatzreifen. Alle Leute schauen interessiert zu. Selbst Jack hat sich den Walkman mitsamt der Stöpsel in die Hosentasche geschoben. Millie kann aber noch das Tsi-tsi-tsi-tsi-tsi-tsi-tsi-tsi hören. Sie schleicht sich an Jacks Seite. Sie ist neugierig. Ob sie sich den Walkman schnell mal ausleihen kann?
Vorsichtig zieht Millie am Stöpselkabel, das ein wenig aus der Hosentasche hängt. Jack kriegt davon nichts mit.
Jetzt hat Millie den einen Kopfhörer aus Jacks Tasche gezogen. Sie hält ihn sich ans Ohr.
Aus Tsi-tsi-tsi-tsi-tsi-tsi-tsi-tsi wird Wumm-ti-wumm-ti-wumm-ti-wumm. Wumm-ti-wumm-ti-wumm-ti-wumm hört sich gar nicht schlecht an.
»Heh«, ruft Jack und greift nach seinem Stöpsel. »Spinnst du?«
Ach du Schreck! Jetzt hat er Millie erwischt. Aber: Er kann ja sprechen!

»Ich wollte mir das Ding nur mal ausleihen«, sagt Millie schnell.
»Bei dir ist wohl 'ne Schraube locker«, sagt Jack empört.
Nee. Irrtum.
»Ich höre doch immer bloß Tsi-tsi-tsi-tsi-tsi-tsi-tsi-tsi«, sagt Millie. »Ich wollte nur mal … Mensch … immer nur Tsi-tsi-tsi-tsi-tsi-tsi-tsi-tsi … das ist doch bescheuert.«
»Ich erzähl dir mal, wer bescheuert ist.« Wenigstens redet Jack jetzt mit ihr.
Millie hat schon kapiert, dass er sie doof findet. Wahrscheinlich, weil sie noch klein ist. Dabei ist sie gar nicht klein. Verglichen mit Trudel. Verglichen mit Jack, das muss sie zugeben, ist sie schon recht klein, na ja, halb klein. Er ist ungefähr fünfzehn Jahre alt. Oder so. Sechzehn und ein paar Zerquetschte. Und wenn man genau hinschaut, dann sieht man, dass er nicht nur pechschwarze Haare und dieses dünne Ziegenbärtchen hat, sondern auch noch Pickel!
»Lass mich doch mal die Kassette hören«, sagt Millie. Soll sie auch noch bitte, bitte sagen?
»Kassette?«, schnauft Jack. »Das ist ein MP3-Player!«
Aber er drückt Millie den Dreiplärrer in die Hand.
Den ganzen Apparat! Sein Gesicht hat er dabei jedoch **verächtlich** verzogen.
Wumm-ti-wumm-ti-wumm-ti-wumm.

Wumm-ti-wumm-ti-wumm-ti-wumm.
Na, ist ja ein bisschen laut für kleine Ohren.
Wumm-ti-wumm-ti-wumm-ti-wumm.
»Schön«, sagt Millie.
»Ist die Musik aus dem Film«, sagt Jack. »Die ist geil!«
Geil? Aha.
»Was für 'n Film?«
»Na, aus dem mit Käpt'n Jack«, sagt Jack.
Na klar.
Das hilft Millie aber nicht weiter. Sie hat keine Ahnung, und so sieht sie wohl auch aus.
»Oh Mann.« Jack schlägt sich mit der flachen Hand gegen die Stirn.
Ja, denkt er denn, dass Millie einfach so irgendwelche Filme mit irgendeinem Jack anschauen kann?
Denkt er das?
Weiß er nicht, dass Millie es gerade mal geschafft hat, *Kevin* zu sehen? Und *König der Löwen* und *Das Dschungelbuch*? Nicht zu Hause, nein, nein, nein, sondern bei Kucki. Einmal beim Kindergeburtstag und einmal am Fastnachtsdienstag, und dann noch einmal nur so, Spielenachmittag.
»Das ist die Musik aus *Pirates of the Caribbean*«, sagt Jack.
Karübe?
Millie hat sich bestimmt verhört.

»Fluch der Karibik«, sagt Jack. »Das ist mein Lieblingsfilm. Den habe ich schon fünfmal gesehen. Der ist geil!«
Aha.
»Mit Käpt'n Jack«, fügt Jack hinzu.
Das hat sich Millie schon gedacht. Das muss der Piratenfilm sein.
Ehrlich gesagt, würde sie den auch **schrecklich gern** mal sehen.
»Ach ja?«, sagt sie und hofft, dass Jack sich dazu bewegen lässt, ihr den Film zu erzählen. Ist doch jetzt die beste Gelegenheit. Bis das mit dem Busreifen erledigt ist …
Mach mal, Dschäck.

Am Anfang nichts als Nebel. Ein Schiff kommt aus dem Nichts. Unheimlich.
Jack ist auf der Suche nach einem Schiff, das er kapern kann.
Kapern: Das heißt klauen. Das tun Piraten eben. Davon leben sie.
Jack trifft William, der nicht weiß, dass er auch ein Pirat ist. Deswegen kämpfen beide erst gegeneinander, aber so richtig tun sie sich nicht weh.
William ist in die schöne Elisabeth verknallt. Plumps, da fällt sie ins Wasser.
Wer rettet Elisabeth?
Jack rettet sie.

Trotzdem wird er verfolgt und landet im Kittchen.
Jetzt taucht ein Geisterschiff auf, die Schwarze Perle. Da sind Piraten drauf. Mit Kanonen schießen sie auf die Stadt.
Rumsdibumsdibum.
William befreit Jack aus dem Knast. Sie jagen das Geisterschiff über alle Meere und auf die Schatzinsel.
Und der Sturm braust und die See peitscht.
Bei Mondlicht verwandeln sich die Piraten des Geisterschiffs in Skelette, das sieht stark aus. Es sind Geisterpiraten. Sie sind tot und auch nicht tot. Das ist der Fluch der Karibik, immer mit Musik: Wumm-ti-wumm-ti-wumm-ti-wumm.
Die Geisterpiraten brauchen das Blut von William, um vom Fluch befreit zu werden.
Kriegen sie William? Und kriegen sie Jack?
Nein, nein, nein. Am Schluss ist Jack jedoch auch ein Geisterpirat, tot und auch nicht tot. Wumm-ti-wumm-ti-wumm-ti-wumm.

»Cool!«, meint Millie.
»Total genial«, sagt Jack.
Aber jetzt fällt ihm wohl wieder ein, dass es **unter seiner Würde** ist, sich mit Millie zu unterhalten.
»Ach, was erzähle ich dir das alles«, sagt er, stöpselt sich die Kopfhörer vom Dreiplärrer ins Ohr und wendet sich ab.
Tsi-tsi-tsi-tsi-tsi-tsi-tsi-tsi.

Blöder Jack. Weiß er überhaupt, dass sein rotes Kopftuch verrutscht ist und schief sitzt? Mein lieber Junge, das sieht vielleicht **beknackt** aus. Und sein Ziegenbärtchen ist noch **beknackter als beknackt**.

Herr Nietenhose

So, der Bus ist repariert. Alle Notfälle sind beseitigt.
Einsteigen!
Millie sitzt mit Trudelchen wieder auf demselben Platz, in der Reihe zwischen der von Papa und Mama und der von Jack mit seinem Opa.
Tsi-tsi-tsi-tsi-tsi-tsi-tsi-tsi.
Nun muss sie aber Silke zuhören. Wenn Millie nicht aufpasst, dann ist die ganze Reise ja **für die Katz**.
Aha, in Amerika gibt es entweder sehr große Städte oder sehr kleine Städte. Dazwischen gibt es nichts. Das Nichts nennt man Wüste oder Urwald. Beides löst sich in Kalliwohin ab.
Ein Stückchen Wüste war ja schon die Pipi-Stelle. Man sollte in der Wüste nicht einfach nur so aus Spaß herumlaufen. Nicht nur wegen der Pipi-Stellen, sondern auch wegen der Schlangen.
Das ist aber eine komische Wüste!
Millie hat bisher gedacht, eine Wüste besteht aus lauter großen, gelben, weichen, glatten Sanddünen.
Da hat sie sich aber geirrt.

Der Erdboden in der Wüste von Kalli-wohin ist grau und weiß und braun und hart. Er ist mit knibbeligen Pflanzen bewachsen.
»Wovon leben die Pflanzen denn hier?«
Silke hat eine Rätselfrage gestellt.
Papa will ein Späßchen machen. »Von Luft und Liebe«, sagt er.
Silke findet das nicht besonders spaßig. Sie schaut Papa streng an.
Macht ihm das was aus?
Nee. Auch nicht, als Mama leicht den Kopf schüttelt.
Silke weiß, wovon die Pflanzen leben. Auch wenn es in Kalli-wohin sehr selten regnet, bekommen die Pflanzen genug Wasser. Sie müssen aber sehr sparsam damit umgehen, deswegen sind sie so winzig. Und obwohl sie klitzeklitzeklein sind, fühlen sich Eidechsen in ihrem Schatten sehr wohl. Da hat die Natur eine ziemlich gute Idee gehabt.
Ab und zu steht ein Baum in der Wüste. Die Bäume hier sehen auch komisch aus. Wie ein Arm mit einer Hand und fünf Fingern oder sechs oder sieben.
Jemand hat gefragt, wie diese Bäume heißen.
Für Silke ist alles klar: »Es sind Yoshua Trees.«
Mann, Silke, nicht jeder versteht Englisch. Millie nicht und Trudel erst recht nicht.

»Das ist so eine Art Yucca-Baum«, versucht Mama Millie das zu erklären.
Hilft ihr nicht viel weiter. Aber der Juck-Baum sieht ulkig aus. Er hat keine geschlossene Baumkrone, sondern viele grüne Puschel auf den Ästen.
»Alle Bäume stammen von einem einzigen Baum ab«, behauptet Silke.
Wie soll das denn gehen?

»Sie vermehren sich aus den Wurzeln anderer Bäume. Jeder neue Baum braucht also einen Mutterbaum.«
Das ist ja wie bei den Menschen!
»Der Yoshua-Baum verträgt Kälte und Hitze«, fährt Silke fort. »Auch wenn es ewig nicht regnet, kann so ein Baum viele hundert Jahre alt werden. Und er wird benannt nach dem Propheten Jesaja, also Yoshua, der in der Wüste stand und mit erhobenen Armen eine Predigt hielt.«
Was ist überhaupt ein Prophet?
»Einer, der die Zukunft voraussehen kann«, flüstert Mama. »Und vor den Dummheiten der Leute warnend den Finger erhebt.«
Hm, hm, hm.
Hin und wieder gibt es in der Wüste auch eine kleine Stadt. Lauter Holzhäuser. Kleine Baracken. Kaufmannsläden. Oh ja, das kommt Millie bekannt vor. Das sieht aus wie bei Lackiluck. Das ist ein Western. Trickfilm! Hat Millie schon mal im Fernsehen gesehen: *Lucky Luke.*
In dem Film gibt es nur Cowboys und Indianer. Und Pferde. Und vielleicht mal einen Hund.
Hier in der Gegend haben sogar berühmte Leute gelebt.
»Wer ist der Erfinder der blauen Jeans gewesen?«
Eine neue Rätselfrage von Silke.
Jacks Opa weiß die Antwort. »Das war Herr Nietenhose.«

Der ganze Bus lacht, ach Quatsch, der Bus kann ja gar nicht lachen. Es sind die Leute im Bus, die sich vor Vergnügen kringeln. Selbst Mama quietscht vor Lachen, und Papa wischt sich die Tränen aus den Augenwinkeln.
Der Opa lacht nicht. Hat er es ernst gemeint?
Silke lacht auch nicht. »Sie sind auch so ein Herr Nietenhose«, sagt sie.
Das macht dem Opa nichts aus. »Die Hosen heißen Nietenhosen, weil an den Taschenecken Nieten aus Metall angebracht sind. Damit die Taschen nicht ausreißen. Das kann jedoch brenzlig werden, wenn man Nietenhosen bei großer Sonneneinstrahlung trägt. Die Nieten werden heiß und brennen einem ein Loch in den Pelz. In den Hintern.«
»Aber Herr Nietenhose!«, sagt Silke. »Ich meine … Herr …«
Sie hat den Namen von Jacks Opa vergessen. Das ist peinlich. Deshalb muss sie die Klappe halten.
»Und wer hat denn wirklich die Jeans erfunden?«, fragt Millie Mama leise.
»Ich glaube, es war ein Herr Levi.«
»Ach so.«
»Und hier ganz in der Nähe hat einer vor vielleicht hundertsechzig Jahren einen Goldklumpen gefunden«, erzählt Mama.
»Wo?« Millie presst ihre Nase an die Fensterscheibe.

»Na, hier irgendwo. Das sollte eigentlich geheim bleiben, aber natürlich kam es doch raus. Und da haben sich Tausende von Leuten auf den Weg gemacht, weil sie alle reich werden wollten. Und darunter war …«

»Darunter war Charlie Chaplin«, sagt der Opa.

Er hat sich auf seinem Sitz umgedreht und streckt seine Beine im Gang aus. Er muss laut sprechen, da der Bus so dröhnt.

Mama sagt: »Aber nein, Charlie Chaplin war doch nur ein Schauspieler, der einen Goldgräber gespielt hat. Reich wurde ein Mann, der Schiff-Segeltuch kaufte und daraus dann Zelte für die Goldgräber nähen ließ.«

»Und Charlie Chaplin«, sagt der Opa.

»Moment mal«, sagt Mama. Charlie Chaplin wurde auch reich, aber er verdiente sein Geld als Schauspieler. Ich meine den Mann, der dann aus diesem Segeltuch auch strapazierfähige Hosen nähen ließ, die Jeans, und der Mann hieß …«

»Das war Charlie Chaplin«, sagt Jacks Opa.

»Nein«, behauptet Mama energisch. Charlie Chaplin hat in diesem berühmten Film mitgespielt, der mit den Goldgräbern und dem Halunken.«

»Sie haben recht, meine Dame«, sagt der Opa trocken. »Das ist der Film *Goldrausch*. Ich habe nur einen Spaß gemacht.«

Na, der Opa hat vielleicht einen seltsamen Humor.

»Aha«, sagt Mama. »Mein liebes Lottchen!«
Was für ein nettes Schimpfwort!
Und für alle, die den Film nicht kennen, erzählt Jacks Opa nun die Geschichte von Tscharlie Schlappi. Für Millie zum Beispiel.

Tscharlie Schlappi versucht sein Glück als Goldsucher in den Bergen. Es ist Winter, es schneit wie blöd. Tscharlie findet eine Hütte, in der er Unterschlupf findet. Es gibt dort noch zwei Männer, einen Halunken und Big Jim, der gerade einen Goldklumpen gefunden hat. Na klasse.
In der Hütte gibt es nichts zu mampfen. Der Halunke soll draußen nach Essen suchen.
Big Jim wird schon verrückt vor Hunger. Er denkt, Tscharlie ist ein großes Huhn. Ist er aber nicht. Und er will nicht von diesem Mordskerl Big Jim gefressen werden. Aber was gibt es sonst zu essen?
Die Schuhe von Tscharlie.

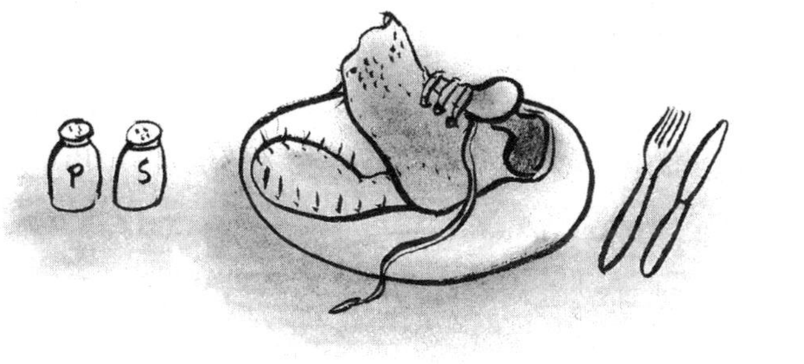

Die werden weich gekocht. Ist ja echtes Leder. Schweineschwarte. Tscharlie frisst die Sohle und Big Jim das Oberleder.
Der Halunke hat inzwischen den Goldklumpen von Big Jim gefunden. Es gibt eine Schlägerei, bei der einer ums Leben kommt. Wer ist das?
Der Halunke.
Tscharlie Schlappi ist da aber schon in der Goldgräberstadt. Er geht tanzen und verliebt sich in eine Tänzerin. Dschordschina. Tscharlie kriegt sie aber nicht. Noch nicht!
Zuerst muss Tscharlie mit Big Jim zur Hütte zurückkehren, weil sich dort das Gold befindet. Ein Sturm kommt auf. Die Hütte hängt über dem Abgrund. Sie schaukelt hin und her. Stürzt sie runter oder nicht?
Doch, die Hütte fällt, aber Tscharlie und Big Jim können sich retten. Durch das Gold sind sie stinkreich geworden. Auf einem Ozeandampfer fahren sie in die große weite Welt. Und wer ist noch auf dem Schiff? Dschordschina. Sie ist sehr nett zu Tscharlie und Tscharlie ist sehr nett zu ihr. Also werden sie sich wohl doch kriegen.

Schon wieder ein Film mit Liebe. Das kommt einem ja schon **zu den Ohren raus**. Kein Wunder, dass Jack Piratenfilme lieber mag. Aber … war da nicht auch was mit verknallt sein oder so?

Wenn der Bär kommt

Gleich wird die Busfahrt quer durch den Urwald führen.
Man darf aber auch dort nicht spazieren gehen, wo man will.
Denn der Urwald besteht nur aus **Natur**.
In Amerika ist die Natur ein Park, den man schützen muss.
Keine Dosen oder Flaschen in den Wald werfen.
Rauchen verboten.
Kein Papier und kein Kaugummi auf den Weg fallen lassen.
Laut rumschreien verboten.
Hast du das verstanden, Trudel?
Die Parks heißen Nationalparks, das bedeutet, sie gehören allen, der ganzen Nation. Und eine Nation besteht aus all den Menschen, die dort leben. Und ein bisschen gehören die Nationalparks auch den Leuten, die dort zu Besuch sind, findet Millie. Das wäre doch nur **gerecht**.
Der erste Nationalpark, den sie auf dieser Reise besuchen, heißt Yosemite. Was ist das denn für ein Name? Jo-sä-mi-ti. Der ist aber schwer zu behalten! Fällt einem dazu was ein? Eine **Eselsbrücke** vielleicht?
Millie hat sofort eine gute Idee für den Namen von dem Park: Josef-Minztee.

»Sieht ja aus wie im Dschungel«, meint sie.
Millie war zwar noch nie in einem Dschungel, aber sie hat Fantasie!
»Vor fünfhundert Millionen Jahren ist diese Gegend entstanden«, sagt Mama.
Fünfhundert Millionen Jahre? Das kann man sich nicht gut vorstellen. Dafür ist Millies Kopf zu klein. Sie kann sich gerade mal hundert vorstellen. Das ist schon viel. Oder höchstens tausend. Das ist sehr, sehr viel. Aber mit tausend kann sie noch nicht mal rechnen.
Im Dschungel von Josef-Minztee gibt es Bäume, die sind so groß wie ein Kirchturm. Oder noch höher. Es sind Mammutbäume.
Warum heißen sie so?
Weil sie aus der Zeit stammen, als die Mammuts auf der Erde herumtrampelten. Mammuts, das weiß Millie, sind die Ur-Ur-Urgroßeltern von den Elefanten aus der Zeit, als die Elefanten noch ein dichtes Strubbelfell trugen.
Die Berge im Josef-Minztee sind auch riesig. Heißen sie denn Mammutberge?
»Nein, Millie«, mischt sich Papa ein. »Das sind Felsen, und dieser schroffe Felsen dort heißt *Half Dome*, halber Dom, weil er wie eine abgeschnittene Kirchenkuppel aussieht.«
»Nee«, verbessert Millie. »Der Felsen sieht aus wie eine halbe

Torte. Die Schwarzwälder Kirschtorte von Frau Morgenroth.«

»Ach, Millie!«

»Doch, Papa! Die Torte hat dir Frau Morgenroth zum Geburtstag geschenkt, weißt du das nicht mehr? Als die Hälfte weg war, sah sie genauso aus wie der Felsen, nur aus Teig.«

Millie kommt jetzt richtig ins Schwärmen.

»Unten gelber Kuchenteig und Kirschmarmelade, dann Schokoteig und Sahnemarmelade, in der Mitte ganz hoch wie ein Berg, und ganz viel Creme drauf mit Klitschekringeln und Schokokrümeln und saftigen Kirschen und ...«

»Millie!«

Ach, Millie hat nur Appetit bekommen. Der halbe Dom, ein glatter grauer Steinbuckel, hat sich einfach in Frau Morgenroths leckere Torte verwandelt. Was kann Millie denn dafür?

Im Dschungel wird aber nicht an einer Kaffeetafel, sondern vor einer Holzhütte gegessen. Leider kann man sich hier nur ein Butterbrot kaufen. Das heißt in Amerika aber nicht Butterbrot, sondern *Sandwich*. Ssänd-uhitsch.

Mit den Butterbroten setzen sich Mama, Papa, Millie und Trudel auf einen gefällten Baumstamm. Manche Leute laufen dort hinüber, wo der Wasserfall den Felsen runterdonnert. Da kann man ja sein eigenes Wort nicht verstehen!

Lieber mitten im Dschungel sitzen bleiben.
Rundherum wachsen rote fedrige Nadelbäume in den Himmel.
»Zedern.« Mama kennt die Bäume.
Millie legt den Kopf in den Nacken und guckt, so weit sie kann, nach oben.
Das ist ja fast wie in New York mit den riesigen Wolkenkratzern! Diese roten Federbäume kratzen auch an den Wolken. Und von Ast zu Ast hüpfen Vögelchen, lustig, lustig, trallalalala, ein blauer Vogel und orange-gelbe Amseln. Die orangefarbenen Streifen haben dieselbe Farbe wie die Gold-Britschi in Sandfranz-ist-so.
»Achtung«, warnt Silke plötzlich. »Es gibt Bären im Park. Schwarzbären, die sich hier gerne was zu essen holen. Sie können für Menschen gefährlich werden. Man sollte sie lieber nicht zu nahe an sich rankommen lassen.«
Oha. Würden sie denn jetzt Millies Thunfischbrot klauen? Oder das Käsebrot von Trudel?
Silke weiß noch mehr über die Bären im Nationalpark.
»Die haben mit der Zeit herausbekommen, wo die Essensreste versteckt sind, zum Beispiel in den Papierkörben. Deswegen haben die Abfalleimer oben eine Klappe.«
Ja, genau. Die Mülleimer sehen aus wie Briefkästen. Schlau gemacht.

»Aber inzwischen haben die Schwarzbären sogar gelernt, die Klappe zu öffnen«, berichtet Silke weiter.
Oha. Und ausgerechnet jetzt kauen Millie und Trudel auf ihrem Sandwich herum. Wenn die Bären so schlau sind, dann wissen sie auch, wie sie an Millies und Trudels Butterbrote rankommen.
Und was schleicht dahinten durch den Dschungel?
Ein Bär?
Ein Bär!
Millie stopft ganz schnell den Rest ihres Thunfischbrots in den Mund. Es ist weich und matschig, deswegen geht das leicht. Aber ob Trudel das mit ihrem Käsebrot auch schafft?
»Schnell, Trudel, schnell«, ruft Millie. »Gleich kommt der Bär.«
Trudel hört auf zu kauen und schaut Millie mit großen Augen an.
»Schnell aufessen, Trudel, schnell aufessen. Wenn der Bär kommt …«
Was dann?
»Mach mir das Kind nicht verrückt«, mahnt Papa.
Na, sehen Papa und Mama denn nicht den Bären dort? Wie er von Baum zu Baum schleicht. Wie er sich hinter dem dicksten Federbaum versteckt. Wie er seine Nase reckt und schnuppert?

»Wenn er aber kommt ...« Millie erzählt mit gedämpfter Stimme ihre Bärengeschichte weiter.
Trudel ist ein gehorsames Kind. Sie steckt den ganzen Rest des Brots ins Mäulchen. Das ist zu viel. Beim Kauen bröseln die Brocken aus dem Mund.
»Wenn jetzt der Bär kommt«, sagt Millie zu Trudel, »dann wird er dir ein Küsschen geben. Er kommt mit seiner riesigen Bärenschnauze ganz, ganz nah, und dann leckt er dich mit seiner großen Bärenzunge ab, und dann sagt der böse, böse Bär: Oh, die kleine Trudel ist ja lecker, die wird mir gut schmecken.«
Da fängt Trudel an zu heulen. Erst wimmert sie nur, aber dann brüllt es aus ihr heraus.
Wenn man weint, kann man nicht essen oder schlucken. Der ganze halb gekaute Brei quillt aus Trudels Mund.
Iii, das ist ja ekelig!
Jetzt haben Papa und Mama die **Schweinerei** mitbekommen. Sie haben wohl auch mitgekriegt, wie es dazu gekommen ist.
»Millie!«
Aber Millie ist schon still.
Vielleicht ist es auch kein böser, böser Bär, sondern ein **lieber** Bär, der da rumschleicht und dem man Guten Tag sagen möchte. Vielleicht heißt er Balu.

Millie erzählt Trudel schnell die Geschichte von Balu und Mogli. Und das ganze Dschungelbuch. Damit die kleine Schwester sich beruhigt. Bevor der Bär kommt.

Es war einmal ein kleiner Junge. Mogli heißt er. Weil er keinen Papa und keine Mama hat, wächst er mitten im Dschungel auf. Er wird von Mutter Wolf großgezogen. Unten am Boden des Dschungels ist es gefährlich. Mogli muss oben auf einem Baum schlafen.
Gefährlich ist zum Beispiel die Schlange Kaa. Sie lispelt und sagt Ssätzchen zu Mogli, aber sie ist eine falsche Schlange. Das sieht man an ihren Kreiselaugen. Einmal hat sie Mogli fest umschlungen, um ihm die Luft abzudrücken. Ein Schlag von Baghira, dem Panther, genügt, damit Kaa Mogli loslässt. Papa Bär, der Balu heißt, passt auch gut auf Mogli auf. Er weiß, dass Mogli eigentlich zu den Menschen gehört, und Balu und Baghira machen sich auf, um den Jungen dorthin zurückzubringen.
Unterwegs begegnen sie der Parade der Elefanten, trötrötrötrötrö, zwei, drei, vier, trötrötrötrötrö, Popo an Rüssel, Rüssel an Popo. Balu, der Bär, hat einen kugelrunden Bellobauch, aber manchmal ist er auch ein richtig gemütlicher Dschungelfaulpelz. Und lustig dazu, dubidubidubidu.
Schlimm sind aber die rotznasigen Kletteraffen, die immer Bananen fressen. Sie entführen Mogli in den Ruinentempel, und Balu

muss sich mit ihnen ein Kämpfchen liefern. Das wird ein herrliches Affentheater.
Und dann der Tiger, der Tiger mit den bösen Augen und den starken Pranken. Er will sich Mogli krallen. Balu zieht den Tiger am Schwanz, und Mogli haut ihm, peng, peng, peng, den Stock auf den Kopf.
Aber die Geier warten schon, diese blöden Aasfresser. Sie wollen sich über Balu, den lieben Papa Bär, hermachen, weil der gemeine Tiger ihn im Kampf schlimm zugerichtet hat.
Aber dann geht doch alles gut aus. Mogli trifft ein Menschenmädchen und geht mit ihr Hand in Hand ins Dorf, und Papa Bär und der Panther laufen, wickelwackel, wickelwackel, ganz zufrieden zurück in den Dschungel.

Die Zeit vergeht wie im Flug, wenn man eine Geschichte erzählt.
Silke mahnt zum Aufbruch, aber einer fehlt.
Silke zählt dreimal.
Mama und Papa sind da. Sie sind nicht von Millies und Trudels Seite gewichen.
Jacks Opa ist da. Barfuß und mit hochgekrempelten Hosenbeinen. Er hat sich vom Wasserfall nass spritzen lassen.
Alle Leute sind da.
Wer fehlt, ist Jack, der Pirat.

Ach du liebe Zeit.
Oh, du meine Güte.
Auch das noch!
»Hallo, Jack, hallo!«, ruft es durch den Wald.
Millie kann am lautesten schreien.
»Hallolallo, Dschähäck!« Das war Trudel.
Ach, da ist er ja.
Es war gar nicht der Bär, der im Wald herumgeschlichen ist.
Es war Jack.
Tsi-tsi-tsi-tsi-tsi-tsi-tsi-tsi.
Wumm-ti-wumm-ti-wumm-ti-wumm.

Die Geisterstadt

Der Bus kutschiert noch eine Weile an schroffen Felsen vorbei. Silke kennt ihre Namen: *El Capitan* und *Herr Hoffmann* und *Fräulein Amelia*, Namen, als wären die Steine Menschen. Die Leute, die sich die Namen ausgedacht haben, hätten Millie fragen sollen, ihr wäre was Besseres als nur *Der Kapitän* eingefallen, zum Beispiel abgebrochener Backenzahn oder angefressene Mohrrübe.

Soll Millie weitermachen? Nee, Mama stupst sie schon in die Seite, weil schon wieder ein Wasserfall zu sehen ist und man sich **nichts entgehen lassen** darf.

Jetzt tuckern sie raus aus dem Urwald und auf einer Landstraße weiter, die eine hübsche Nummer hat. Die Straßen in Amerika heißen nicht Straßen, natürlich nicht, sie heißen Ruuut, mit einem ganz langen Uuu.

In Amerika haben alle Landstraßen Nummern, die fangen bei Nummer 1 an und hören bei Nummer 100 oder 200 oder 300 auf. Oder 1000?

Die Ruuut, auf der Millie jetzt herumkutschiert, hat die Nummer 99. Man sagt *nein-ti-nein*. Wenn man 99 umdreht, heißt sie Ruuut 66.

»Oha«, sagt Papa. »Route 66 ist die berühmteste Straße der Welt.« Papa sagt *six-ti-six*: *Ruuut sixtisix.*
»Ach was«, meint Mama. »Route 1 ist die berühmteste Straße.« Mama sagt *u-an*: *Ruuut uan.*
»Aber nein.« Papa ist richtig empört.
Mama sagt: »Route 1 führt direkt am Pazifischen Ozean entlang. Von dort hat man den schönsten Blick der Welt.«
Werden Papa und Mama sich jetzt deswegen streiten?
Nö.
Papa sagt: »Ja, vielleicht hat Route 1 den schönsten Blick, aber die berühmteste Straße ist immer noch die Route 66.«
»Na gut«, lenkt Mama ein.
Aber bevor Millie noch fragen kann, was an Ruuut sixtisix so toll ist, hält der Bus in …
»… Fresno«, ruft Silke von vorne. »Hier werden wir übernachten. Und morgen früh geht's dann gleich weiter nach Calico, in die Geisterstadt.«
Geisterstadt?
Da möchte Millie lieber nicht hin. Sie hatte nämlich schon mal ein schlimmes Erlebnis in einer Geisterbahn. Damals war allerdings nur Jocko an ihrer Seite. In der Geisterstadt werden Papa und Mama bei ihr sein. Da werden sie den Geistern schon **was husten**.
Am nächsten Morgen schaukelt der Bus sie erst mal durch

die Geisterwüste, bevor er in der Geisterstadt Stopp macht. In der Stadt wohnt niemand mehr, nur die Geister. Die von den Leuten, die früher hier gelebt haben. Das ist fast hundert Jahre her. Da war die Geisterstadt eine Silber-Ausbuddel-Stadt. Gold hat man nur ein bisschen gefunden, aber Silber ist ja auch **oke**.
Papa, Mama, Millie und Trudel wandern durch den Ort. Die Sonne knallt **erbarmungslos** auf sie nieder. Hundertfünfzig Grad. Gleich sind sie alle geschmort wie Schweinebraten. Trudel jammert schon. Sie will bei der Hitze nicht mehr laufen, und Papa muss sie durch die Gegend schleppen.
Es gibt nur eine Straße in der Geisterstadt. Links und rechts stehen Bruchbuden, Häuser aus Holzbrettern. Ein Bruchbuden-Kaufmannsladen, eine Bruchbuden-Kneipe, eine Bruchbuden-Töpferwerkstatt und ein Bruchbuden-Rathaus. Keine Geister!
Einige Bruchbuden könnte man betreten und sich was Schönes kaufen. Andenken zum Beispiel. Aber Papa und Mama steht nicht der Kopf nach Andenken. Sie wollen irgendwo im Schatten sitzen und was Kühles trinken.
Oh ja.
Man könnte aber auch ein Eis essen.
Oder?

Na, mal sehen.
Es gibt einige Bruchbuden, wo man drinnen oder draußen im Schatten sitzen kann. Die heißen *Saloon*. Ssä-luuun. Kennt Millie schon aus dem Fernsehen.
»Das sieht hier aus wie bei Lackiluck«, sagt sie, als sie sich alle auf eine Holzbank gesetzt haben. »Oder wie bei Feivel.«
»Wer ist Feivel?«, fragt Papa.
Papa, bestell doch erst mal ein Eis. Dann wird Millie erklären, wer Feivel ist.
Das Eis muss man drinnen in der Hütte kaufen. Das macht Mama. Sie schafft es, vier Eistüten auf einmal zu balancieren. Toll, Mama!
Bevor Millie mit der Feivel-Geschichte loslegt, muss sie erst an ihrer Eiscreme lecken. Sie kann gar nicht so schnell lecken, wie das Eis schmilzt. Es läuft wie Suppe am Waffelhörnchen entlang, an den Fingern, die Arme runter bis zu den Ellbogen.
Was ist denn das für ein blödes Suppeneis?
Schlürf, schlürf, schlürf.
Iii.
Jetzt klebt das Suppeneis überall. An den Fingern, auf dem T-Shirt, in den Haaren.
Iii.
Die Finger kann man nun ruhig an der Hose abwischen. Ist

doch egal. Millie sieht ja sowieso schon aus wie eine kleine Sau. Und geschmeckt hat das Suppeneis auch nicht.
So. Jetzt kann Millie Papa von Feivel erzählen.
»Feivel gehört doch zur Mäusefamilie, Papa. Das ist die Geschichte mit Tiger und Tanja und dem bösen Swiiit-William, das ist der Kater. Der baut diesen Mäuseklatscher. Dann kommt aber der Sheriff, der reitet auf einer Prärieratte, Papa, die sieht aus wie ein Schwein. Na, du blöde, alte, fette Erdnuss, sagt der Sheriff Swiiit-William, na, du blöde, alte, fette Erdnuss, was willst du denn mit dem Erbsenknaller, häh?«
»Bödealtenuss«, sagt Trudel und lacht. Sie hat Feivel mit Millie zusammen gesehen, aber sie kann die Geschichte noch nicht erzählen.
Papa sagt: »Das hast du dir doch ausgedacht, Millie.«
»Nein!«, ruft Millie empört. »So was kann ich mir gar nicht ausdenken, Papa. Feivel ist doch die Wildwest-Maus! Das haben wir im Kinderkanal gesehen. Das dürfen wir.«
»Aha«, sagt Papa und guckt Mama etwas verwundert an.
Mama nickt Papa zu.
Jaha, Kinder dürfen manchmal Kinderkanal gucken, so ist das.
»Und bei Feivel sieht es genauso aus wie hier, Papa. Da gibt es auch den Wilden Westen. Lauter Bruchbuden.«
»Aha«, sagt Papa wieder.

Ach, da fällt Millie noch was ein.
»Gus hat schon mal gesagt, dass unser Haus eine Bruchbude ist«, sagt sie.
»Das glaub ich jetzt nicht«, meint Mama. »Gus wohnt doch in genauso einem Haus wie wir.«
»Ja, aber der Garten bei denen ist größer.«
Mama zuckt mit den Schultern.
»Gus hat auch schon mal gesagt, unser Haus ist ein Kaninchenstall.«
»Ach geh, Millie. Gus wollte dich nur ärgern.«
Ja, das kann schon sein. Gus will Millie immer ärgern. Und das Blöde ist, dass sie sich ärgern lässt. Das sollte Millie sich wirklich mal abgewöhnen.
Jetzt müssen sie sich durch die Hitze zum Bus zurückschleppen. Hundertfünfzig Grad!
Papa sagt: »Mich erinnert dieser Ort auch an eine Filmkulisse. So muss die Stadt ausgesehen haben, in der dieser Film gedreht wurde, dieser … der mit Gary Cooper und der schönen Grace Kelly.«
Mama kennt den Film auch. »High Noon«, sagt sie.
Hai-nun?
»Zwölf Uhr mittags«, erklärt Mama.
Erzähl doch mal, Papa. Das lenkt vielleicht ein bisschen von dieser Hundertfünfzig-Grad-Hitze ab.

Es beginnt mit der Mundharmonika-Musik, tatatam, tatatam, tatatatatatatam, und mit den einsamen Reitern in der Prärie. Es sind drei Bösewichte, sie warten auf den vierten, einen Mörder, der gerade aus dem Gefängnis entlassen wurde und nun in die Stadt kommen wird, um sich am Sheriff zu rächen.
Die Leute in der Stadt haben Angst.
Gerade hat der Sheriff seine schöne junge Frau geheiratet. Da erfährt er, dass der Mörder heute mit dem Mittagszug ankommen wird, der Zug, der immer pünktlich ist, zwölf Uhr mittags.
Jetzt ist es Viertel vor elf.
Der Sheriff braucht Hilfe. Vier gegen einen, das geht nicht, das wird schiefgehen. Aber die Leute in der Stadt haben Schiss, nur einer, der mit der Augenklappe, will dem Sheriff helfen. Nein danke, sagt der Sheriff, der mit der Augenklappe trinkt nämlich zu viel Schnaps.
Jetzt ist es schon Viertel vor zwölf.
Auch die junge Frau vom Sheriff will nicht bei ihm bleiben, weil sie nicht mit ansehen möchte, wie er erschossen wird.
Die Stadt ist ein kleines dreckiges Nest. Es ist glutheiß, so heiß, wie es nur im Wilden Westen sein kann. Die Sonne ist weiß.
Was soll der Sheriff machen? Er hört schon, wie sein Sarg zurechtgezimmert wird. Es ist fünf vor zwölf. Er schreibt sein Testament.
Die Leute in dem kleinen dreckigen Nest warten, dass der Zug

kommt und mit ihm der Mörder und darauf, dass der Sheriff sterben wird.
Zwei Minuten vor zwölf.
Da heult der Zug. Tuuut tuuut, tuuut tuuut.
Steh auf, Sheriff, steh auf.
Der Sheriff steht auf.
Zwölf Uhr mittags.
Die Frau des Sheriffs steigt in den Zug, und der Mörder steigt aus.
Jetzt sind die vier Verbrecher zusammen.
Der Sheriff steht mitten in der Stadt und wartet und wartet. Er ist ganz allein.
Vier gegen einen.
Da knallen die Schüsse. Peng, peng, peng.
Die Frau hält es nicht mehr aus im Zug. Sie steigt aus. Der Zug fährt ohne sie los.
Die Frau rennt zurück in die Stadt.
Ist ihr Mann tot? Ist er tot?
Noch nicht.
Drei gegen einen.
Peng, peng, peng.
Zwei gegen einen.
Der Sheriff wird am Arm getroffen. Blut fließt.
Von den zwei übrig gebliebenen Bösewichten zielt einer auf den hilflosen Sheriff.

Da zieht die Frau einen Revolver und erschießt den Kerl.
Einer gegen einen.
Der eine schnappt sich die Frau.
Lass meine Frau los, lass sie los, ich komme jetzt.
Der Sheriff kommt aus der Deckung.
Peng, peng, peng.
Wer gewinnt?
Der Sheriff gewinnt. Er pfeffert den Sheriffstern auf die staubige Straße. Dann umarmt er seine Frau. Und zum Schluss fährt er mit ihr auf dem Pferdewagen hinaus aus dem dreckigen Nest.

Na, noch mal gut ausgegangen.
Ach, und aus diesem dreckigen Nest kommen da drüben Jack und sein Opa angeschlurft. Sie sind total verschwitzt.
Sie haben sich die Silbermine angeschaut.
Gibt es da was Tolles zu sehen?
»Nicht unbedingt«, sagt der Opa. »Es ist ziemlich dunkel in der Mine, und der Geruch ist auch nicht sonderlich angenehm. Aber man muss dem Jungen was bieten.«
Ach ja. Wegen der Probleme zu Hause. Obwohl Jack sich so benimmt, als wäre es egal, was ihm geboten wird. Hauptsache, er kann in Ruhe sein Wumm-ti-wumm-ti-wumm-ti-wumm hören.
Millie überlegt noch, ob es nicht doch sehr nett von dem Opa

ist, sich so um Jack zu kümmern, da sind sie schon beim Bus angelangt. Silke wartet bereits.
Neben Silke steht ein Sheriff. Er ist dick und ganz in Schwarz gekleidet. Er hat einen Cowboyhut auf. An seiner rechten Seite steckt ein Revolver im Ledergurt. Das ist so im Wilden Westen. Und dem Sheriff fehlen vorne oben zwei Zähne. Er hat eine riesige Zahnlücke.
Als Papa an ihm vorbeigeht, fragt der Sheriff: »Mister Heinemann?«
Papa guckt verdutzt.
Aber Millie sagt sofort: »Yes.«
So viel Englisch kann sie schon.
»Yes. Das ist Mister Heinemann. Das ist mein Papa.«
Kaum sind sie alle im Bus, steigt auch der dicke Sheriff ein.
Er versperrt jetzt den Ausgang. Keiner könnte mehr raus.
Wenn jemand rauswollte.
Der Sheriff zieht seinen Revolver.
Oha.
Er rollt ein Stück Papier aus.
Ein Steckbrief!
Der Sheriff liest den Steckbrief vor. Er lispelt, weil ihm ja zwei Zähne fehlen. Millie kann ihn nicht verstehen. Vielleicht aber auch deshalb, weil er ja wohl Englisch spricht. Amerikanisch.

Was steht denn in dem Steckbrief?
Mama übersetzt.
Gesucht wird ein schlimmer Verbrecher.
Der ist aus dem Gefängnis ausgebrochen.
Für Hinweise werden fünftausend Dollar Belohnung gezahlt.
Steht in dem Steckbrief denn auch, wie der Verbrecher heißt?
»Yes«, sagt der Sheriff.
Er hebt den Steckbrief hoch und zeigt ihn allen Leuten.
Sucht der Sheriff vielleicht Jack, den Piraten?
Nein. Auf dem Steckbrief steht: Martin Heinemann.
Das kann doch nicht wahr sein.
Papa heißt Martin Heinemann!
Ist Papa etwa der Verbrecher?
Der Sheriff zielt mit der Pistole auf Papa.
Nein, Sheriff, nein!
Ist Papa doof? Er lacht darüber.
Gleich wird ihm das Lachen vergehen! Oder ist Papa doch ein Verbrecher?
Überleg doch mal, Papa. Hast du was Schlimmes angestellt?
Aber Papa amüsiert sich. Mannomannomann.
Trudel kapiert gar nichts. Weil Papa lacht, lacht sie auch. Nur Millie hält vor lauter Schreck die Hand über den Mund.
Der Sheriff sagt, dass er Papa jetzt verhaften muss. Und dass sich Papa die Strafe aussuchen kann.

Erstens, dass man ihn erschießt.
Zweitens, dass er erhängt wird.
Drittens, dass er singen und tanzen soll. Und das vor allen Leuten.
Oder viertens, dass der Sheriff seine Frau mitnehmen darf.
Papas Frau ist doch Mama!
Nein, das geht alles nicht, Sheriff. Du blöde, alte, fette Erdnuss, was willst du denn mit dem Erbsenknaller, häh?
Und Mama lacht jetzt auch noch!
Aber Papa ist nun doch ins Schwitzen geraten. Er wischt sich den Schweiß von der Stirn und steht auf.
Papa hat sich für eine Strafe entschieden.
Er sagt: »Sheriff, du kannst meine Frau mitnehmen.«
Alle im Bus lachen schallend, und Jacks Opa sagt: »Das ist gut, das ist richtig gut.«
Hat der Opa einen Knall?
Und ist Papa in der Geisterstadt von allen **guten** Geistern verlassen worden?
Der blöde Lispel-Sheriff steckt jetzt aber seinen Revolver zurück in den Gurt. Und er übergibt Papa den zusammengerollten Steckbrief. Den darf er für den Schreck als Andenken behalten.
Dann zieht der Sheriff ab.
Hm. Noch mal Glück gehabt.

Aber war da nicht noch was? Was ist denn mit der Belohnung? Schließlich hat Millie dem Sheriff verraten, dass Papa Mister Heinemann ist.
Was ist denn mit den fünftausend Dollar, du blöde, alte, fette Erdnuss?

Hölle und Banditen

Die Wüste hört gar nicht mehr auf. Die Wüste wird immer wüster. Die Pflanzen sind nur noch ganz mickrig. Vor lauter Hitze haben sich auch die Sträucher geduckt. Sie verschwinden fast im Boden.

Heute Morgen gab es noch ein paar Wolkenflocken am blauen Himmel. Wolken, aus denen es nie regnet. Doch nun sind auch die Wölkchen verschwunden und der Himmel ist fast weiß. Und jetzt kommt nichts mehr.

Da hat sich Millie aber geirrt.

Plötzlich und mitten in der Wüste wächst eine Stadt aus dem Boden. Sie sind nämlich schon in Nie-wieder.

»Nevada«, verbessert Mama. »Und jetzt fahren wir nach Las Vegas, in die berühmte Spielerstadt mit den einarmigen Banditen. Guckt euch das an. Guckt euch das bloß an.«

Mama ist ganz aufgeregt.

Ja, Millie guckt doch schon. Trudelchen auch. Die Banditenstadt sieht wirklich merkwürdig aus. Ein bisschen nach New York, etwas nach Paris, auch nach Ägypten. Aber am meisten sieht die Banditenstadt aus wie eine Kirmes.

Und schaut euch mal Jack an! Der hat sogar seine Stöpsel

Coach USA

und seinen Dreiplärrer weggesteckt und starrt fasziniert nach draußen.
Er sagt: »Es ist richtig Kacke, dass ich noch nicht einundzwanzig bin.«
Wieso ist das Kacke? Und wieso darf Jack so was ohne **Ermahnung** sagen? Der darf ja alles bei seinem Opa.
Mama beugt sich vor und fragt den Opa, ob er in der Banditenstadt spielen wird.
Millie spitzt die Ohren. Was kann man denn hier spielen? *Vier gewinnt* oder *Mensch ärgere dich nicht* oder sogar *Monopoly*?
Der Opa sagt: »Ich denke, ich werde mit Jack ein bisschen Geld am einarmigen Banditen verspielen. Er ist ja noch nicht volljährig, also muss ich mitmachen.«
Der Opa hat *verspielen* gesagt. Ist das was anderes als *spielen*?
Papa erklärt das. Es ist so, dass die einarmigen Banditen keine echten Räuber sind, sondern Spielautomaten. Meistens bekommt man das Geld, das man oben in einen Schlitz werfen muss, nicht mehr wieder. Meistens! Aber nicht immer.
Aha.
Jack sagt: »Vielleicht werde ich hier reich. Das wäre cool.«
»Ja, mein Junge«, sagt der Opa. »Aber auch nur *vielleicht*. Und das auch nur mit ganz viel Glück.«

»Wie viel brauchst du denn, um reich zu sein?«, traut Millie sich zu fragen.
»Na«, sagt Jack, »ich möchte zweiunddreißig Millionen haben und eine Frau und einen Swimmingpool.«
Mama lacht sich halb kaputt. Sie sagt: »Aber für eine Frau bist du doch noch ein bisschen zu jung.«
»Wer sagt das?«, fragt Jack.
Nein, Mama wird sich mit Jack nicht anlegen. Der spinnt doch. Sie flüstert Millie ins Ohr: »Es ist die Pubertät.«
Was ist denn das? Die Bubität? Ist das eine Gefährlichkeit?
»Das erkläre ich dir später«, sagt Mama.
Na, wenn sie es später mal nicht vergessen hat. Ob Mama und Papa auch ein bisschen spielen werden? Vielleicht haben sie ja Glück. Und ein paar Millionen könnten sie doch wohl auch gebrauchen.
»Wie viel Geld habt ihr denn dabei?«, will Millie von Papa wissen.
»Keinen Pfennig«, sagt Papa.
Mensch, Papa, Pfennige gibt es doch gar nicht mehr, das gab es früher. Und Papa verbessert sich auch schnell.
»Keinen Cent«, sagt er.
Papa, das ist gelogen.
»Wir müssen hier ganz besonders auf unser Geld aufpassen«, sagt Mama.

»Weil es sonst doch von den Banditen geklaut wird?«
»Nicht direkt«, sagt Mama. »Aber man wirft Geld in den Automaten und mehr Geld und noch mehr Geld, weil man denkt, man könnte gewinnen, und schließlich hat man alles Geld verloren, weil man nicht aufhören konnte. Das ist gefährlich.«
Noch so 'ne Gefährlichkeit.
Na, erst einmal rein ins Hotel. Das heißt *4 Queens*, ja, so heißt das Hotel: Vier Königinnen.
Um auf ihr Zimmer zu kommen, müssen sie durch die Hölle gehen.
Die Hölle ist ein riesiger Saal mit einem lila-rot-blau wild gemusterten Teppichboden. Oben an der Decke hängt Glitzergebimmelgebammel, tausend funkelnde Lichter und Lampen. Und überall stehen … tausend? … hunderttausend? … nein, Millionen von einarmigen Banditen.
Das sind die Räubermaschinen, die das Geld auffressen.
Oben hat jede Maschine einen Schlitz für Münzen, so wie ein Fahrkartenautomat. Und an der rechten Seite befindet sich ein Hebel, den man runterdrücken muss, damit das Spiel mit dem Glück beginnt. Das ist der Arm vom Banditen.
Aber kommt auch eine Fahrkarte raus?
Nee.
Nix kommt raus. Deswegen ist die Maschine ein Bandit.

Es könnte aber auch eine Million rauskommen. Wenn man Glück hat.
»Na, auf das Glück kannst du lange warten«, sagt Papa.
»Wie lange denn?«, fragt Millie.
»Bis der Urlaub vorbei ist.«
Ach so.
Schade.
Viele Leute verbringen ihre Zeit an den einarmigen Banditen und warten auf ihr Glück. Sie warten darauf, dass die Maschine oben an so einem Rolldingsbums drei Kirschen oder drei Glocken oder drei Kronen zeigt.
Hauptgewinn!
Aber die drei Kirschen und die drei Glocken und die drei Kronen kommen und kommen nicht. Meistens nicht. Jedenfalls nicht, solange Millie zuschaut.
Die Leute werfen eine Münze nach der anderen hinein, pinkepinkepink. Wenn die Maschine das Geld gefressen hat, muss man den Arm runterdrücken, ritscheratsche rums. Man kann auch Flohsteine reinwerfen, bunte Plastikkuller, rot und gelb und grün.
»Das sind Chips«, sagt Papa. »Wer ganz viel Geld reinwerfen will, muss sich zuerst Chips besorgen.«
Na, die hat Millie doch zu Hause in ihrem Flohspiel. Mist, dass sie die nicht dabeihat. Das wäre doch umsonst gewesen!

Die Leute mit den Münzen und den Chips können gar nicht aufhören, der Maschine ihr Geld zu geben. Pinkepinkepink, das Geld sitzt locker. Ritscheratsche greifen sie nach dem Arm vom Banditen, ritscheratsche rums, das Geld ist weg und das Spiel geht weiter.
Die Automaten fressen nicht nur Geld, sie machen auch Musik. Klingelingeling.
Wenn Millionen Banditen klingelingeling machen, gibt das einen **Höllenlärm**.
Glitzerglitzer, pinkepinkepink, klingelingeling, pinkepinke-pink.
Trudel hält sich schon die Ohren zu.
Mann, bloß weg hier. Das ist ja die Hölle.

Ab in den Fahrstuhl, rein ins Zimmer.
Da können sie sich frisch machen.
Frisch machen heißt eigentlich nur Pipi machen. Das ist wichtig. Sonst muss man irgendwann den Pipi-Tanz aufführen.
Hände waschen nicht vergessen! Und einmal aus dem Fenster schauen.
Boah! Lauter Hochhäuser drum herum. Und da drüben hat sich ein Turm zwischen die Wolkenkratzer gedrängelt. Papa, guck mal! Kann man auf den vielleicht raufklettern?

»Pppfff«, macht Papa. »Wir schauen mal, was uns heute noch geboten wird. Aber du hast recht, Millie. Der Turm ist wirklich beeindruckend. Jedenfalls ist er der höchste von ganz Amerika. Über dreihundertfünfzig Meter hoch.«
Schon wieder **boah**!
Der Turm sieht aus wie ein umgedrehtes Sektglas. Der Stiel sitzt ganz oben und ragt in den Himmel. Und allmählich beginnt der Stiel golden zu leuchten. Das kommt von den vielen Glühbirnen. Die vom Turm und die von den Hochhäusern. Eigentlich besteht die ganze Banditenstadt nur aus lauter Glühbirnen.
»Der Turm heißt … äh …«
Papa weiß es nicht!
Mama weiß es. »Er heißt Stratosphere Tower.«
Oh, Mama! Schon wieder so ein schwieriges Wort. *Tower* heißt Turm, das weiß Millie, seitdem sie mal in London war. Also ist der hier der Sektglas-Turm.
»Es sieht ganz so aus, als ob der Turm gleich um die Ecke wäre«, meint Papa. »Nach dem Essen können wir ja mal hinmarschieren.«
In Ordnung, Papa.
Essen in der Banditenstadt ist nicht sehr teuer.
»Das machen die extra so billig«, meint Mama. »Sie wollen, dass die Leute sich in Las Vegas sehr wohlfühlen.«

»Ja«, bestätigt Papa und fügt hinzu: »Man soll nämlich das ersparte Geld den einarmigen Banditen geben.«
Na, das werden sie nicht tun.
Millie wird erst einmal so richtig **reinhauen**. Im Hotel darf man nämlich so viel essen, wie man will.
Es gibt sehr leckere Suppe mit gelben Nudeln und kleinen roten Fitzimitzis und braunen Fransimansis und grünen Itzibitzis. Wie gut, dass die Suppenschalen hier besonders groß sind.
Millie isst eine Schale leer.
Hm. Lecker.
Millie muss sich noch einmal Suppe holen.
Hm. Lecker.
Millie geht noch einmal ans Büfett und lässt sich die dritte Suppenschale füllen.
Manno. Jetzt ist aber genug. Ihr Bauch ist so dick wie eine Trommel. Und auch so gespannt. Man könnte tatsächlich Musik drauf machen.
Puh. Jetzt ist der Bauch schon so groß wie eine Pauke. Und er tut auch weh. Zuerst nur ein wenig, aber bald schon ganz, ganz doll.
Hat Trudelchen denn auch so eine pralle Pauke? Und so fürchterliche Kopfschmerzen im Bauch?
Nein. Die kleine Schwester hat ja auch nicht drei große

Schalen Suppe gegessen, sondern nur ein bisschen hiervon und ein bisschen davon.
Und Papa und Mama wollen ausgerechnet jetzt zum Sektglas-Turm marschieren. Gerade in dem Moment, als Millie merkt, dass sie Durchfall bekommt.
»Ach du liebe Zeit«, stöhnt Mama. »Kannst du es noch zurückhalten?«
Aber nur bis rauf ins Zimmer.
Mama läuft mit Millie los.
Schnell, schnell, schneller, schneller.
Fast geschafft. Da ist schon ihr Zimmer. Und Mama soll Millie mal schön alleine lassen, wenn ihr Bauch lostrompetet. Puuuhhh.
Gerade noch mal gut gegangen. Und die Bauchschmerzen sind auch wie weggeblasen. Alles in Ordnung. Jetzt kann's weitergehen.

Glitzerglitzer, pinkepinkepink

Papa hat mit Trudel unten am Eingang zur Hölle gewartet. Glitzerglitzer, pinkepinkepink, klingelingeling, pinkepinkepink. Das hört und hört nicht auf.
Schnell auf die Straße.
Wo ist denn der Sektglas-Turm?
Ach da. Rechts um die Ecke. Gleich vor der Nase.
Na, dann mal los.
»Meinst du, dass wir den zu Fuß erreichen können?« Mama sieht Papa fragend an.
»Das sind höchstens fünfhundert Meter«, meint Papa. »Eine Armlänge von hier entfernt.«
Papa spinnt doch. Es sind mindestens zwei Armlängen. Hihihihi.
Mama ist **skeptisch**.
»Na«, sagt sie. »Hoffentlich hast du recht.« Sie nimmt Trudel an die Hand.

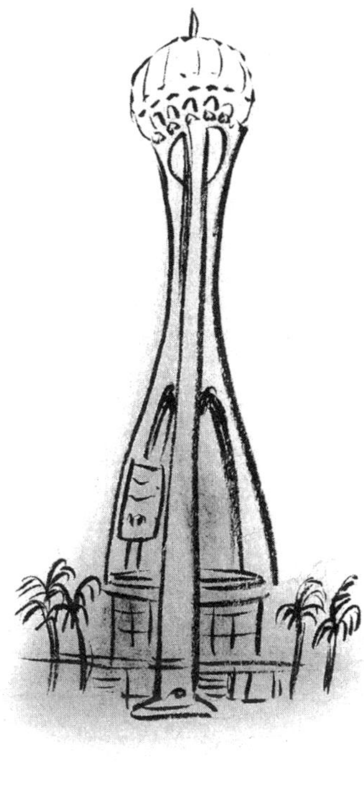

Die Bürgersteige in der Banditenstadt sind so breit, dass vier Leute bequem nebeneinander laufen können.
Hopsihopsihops.
Toll, dass man abends noch so lange aufbleiben darf.
Hopsihopsihops.
Oha, das Hüpfen bei der Hitze ist aber ganz schön anstrengend. Millie hat vor lauter Gejapse schon einen Riesendurst bekommen. Da trifft es sich gut, dass Trudel zu jammern anfängt.
»Tinken, Mama, tinken.«
Millie und Trudel müssen Mama und Papa gar nicht lange überreden. Schon an der nächsten Straßenecke steht ein Getränkeautomat voller Trinkflaschen. Prima. Man braucht nur wie bei einem Banditenautomaten eine Münze reinzustecken.
Mach mal, Papa.
Papa sucht nach einem Knopf am Automaten, den man drücken muss, wenn Mineralwasser rauskommen soll.
Gibt es aber nicht.
Es gibt nur Cola.
Das ist doch wunderbar, Papa. Mach schon.
Papa seufzt.
Millie weiß, dass Papa Millie und Trudel eigentlich keine Cola zu trinken geben möchte.

Aber wenn nun mal nichts anderes da ist?
Widerwillig lässt Papa eine Flasche Cola rausplumpsen.
Alle trinken aus der Flasche, gluckigluckigluck. Ganz schnell ist die Flasche leer.
Und ist der Sektglas-Turm inzwischen näher gekommen?
Leider nein. Er steht immer noch da vorne, ein oder zwei Armlängen entfernt. Vielleicht sind es auch sieben oder acht Armlängen. Oder vielleicht hundert?
Hopsihopsihops.
Manno. Schon wieder hat Millie Durst. Die Zunge **klebt am Gaumen**, hechelhechelhechel.
»Tinken, Mama, tinken!«, jammert Trudel wie auf Kommando.
Ob Mama und Papa das mitmachen?
Ja, machen sie. Die beiden sind genauso **fix und fertig**.
Wo ist denn der nächste Getränkeautomat?
Ach da, an der nächsten Ecke. Das ist praktisch.
Plumpsiplumpsiplumps. Bitte eine Flasche Cola.
Und ist der blöde Sektglas-Turm nun endlich näher gerutscht?
Nee.
»Ich versteh das nicht«, sagt Mama. »Wir laufen und laufen und laufen, und der Turm kommt uns kein Stückchen entgegen.«
Mama! Der Turm kann doch nicht laufen!

»Ich glaube, das liegt an der trockenen Luft«, meint Papa. »Das Licht ist hier ganz anders. Alles sieht so nah aus.«
»Und dieser Durst!«, stöhnt Mama.
Sie müssen nämlich schon wieder trinken.
Das haben sich die Leute in der Banditenstadt aber gut ausgedacht. Wer nicht in der Hölle sein Geld verspielt, der wird es auf der Straße an den Getränkeautomaten los. Und wahrscheinlich fließt hier in den Wasserleitungen kein Wasser, sondern nur Cola. Denn woher soll das Wasser mitten in der Wüste kommen? Muss man hier denn auch mit Cola baden oder duschen?
»Ach, Millie«, sagt Mama genervt. »Natürlich gibt es hier Wasser. Du hast doch vorhin schon die Klospülung benutzt.«
Stimmt. Oder es ist durchsichtige Cola gewesen.
»Das Wasser kommt vom Colorado. Es wird über sehr weite Strecken von dem Fluss hierhergeleitet«, fährt Mama fort. »Den Colorado werden wir morgen oder übermorgen auch sehen.«
Co-lo-ra-do. Was für ein passender Name. Der Cola-Fluss versorgt die Banditenstadt mit Cola-Wasser.
Mama, Papa, Millie und Trudel haben inzwischen bestimmt an sechs oder sieben oder acht Getränkeautomaten haltmachen müssen. Es ist ein Glück, dass sie genügend Münzen dabeihatten. Sonst wären sie bestimmt schon verdurstet.

Man kann sagen, was man will, zum Beispiel dass die Banditenstadt eine künstliche Stadt ist und so was alles, aber sie ist von der Wüste umzingelt, und ohne Cola-Automaten hätte es sehr schlecht für alle ausgehen können. Jaha.

Aber nun haben sie es endlich geschafft. Sie stehen **direkt** vor dem Sektglas-Turm.

Mann, ist der groß, Mann.

Millie geht gerne auf Türme. Je höher, desto besser.

Um auf diesen Turm zu gelangen, muss man schon wieder durch die Hölle laufen.

Glitzerglitzer, pinkepinkepink, klingelingeling, pinkepinkepink.

Schnell hinein in den Lift.

Als der Fahrstuhlführer den Achtung-fertig-los-Knopf drückt, saust der Lift so schnell hoch, dass Millie durch die Geschwindigkeit runter in die Knie gedrückt wird.

Huch.

Ach du liebe Zeit: Trudel ist voll auf die Fresse geflogen.

Hups, das darf man ja nicht sagen.

Die kleine Schwester sitzt auf dem Boden und schaut blöd aus der Wäsche.

Mama hilft Trudel auf, aber ihr ist nicht ganz wohl dabei. Sie drückt sich die Hand auf den Bauch, als wäre ihr **kotzübel**.

Oje.

Reiß dich mal zusammen, Mama.
Mama?
Mama schafft es, sich nicht zu übergeben. Na, das hätte ja eine schöne Schweinerei gegeben. Außerdem darf es Mamas nie schlecht gehen. Das sollte mal Gesetz werden!
Boah! Was für eine Aussicht sie haben von hier oben!
Millionen über Millionen von Lichtern.
Da ist New York im Lichterglanz. Dort glüht Paris. Und daneben glitzert ganz Ägypten. Die Pyramiden. Alles nachgemacht. Nichts ist echt. Und alles ist **einen Tick** kleiner als in der wirklichen Welt.
Wenn man verrückt sein will, kann man sich auf dem Sektglas-Turm in einer Raketen-Kapsel noch höher schießen lassen.
»Wenn die Kapsel anhält, das ist so zwischen Himmel und Erde«, weiß Papa, »dann gibt es einen Moment der Schwerelosigkeit, bevor man wieder runterkracht.«
Dann macht man sich in die Hose.
Aber bestimmt.
»Ja, willst du dich denn hochschießen lassen?«, fragt Mama. »Mit dem Big Shot?«
»Ich bin doch nicht verrückt«, sagt Papa. »Willst du hier draußen etwa mit der Turm-Achterbahn fahren?«
»Ich bin doch nicht verrückt«, sagt Mama.

Mama und Papa fragen gar nicht erst, ob Millie hier etwas unternehmen möchte. Vielleicht in diesem Kettenkarussell außerhalb des Turms fahren oder auf der Wippe ganz, ganz oben schaukeln? Soll sie? Soll sie?
Ach, Mama und Papa wissen genau, dass Millie auch nicht verrückt ist. Manchmal ein bisschen übermütig, ja, aber nicht verrückt. Sie würde ja vor lauter Schiss ohnmächtig werden.
Aber einer hat keinen Schiss. Einer will alles mitmachen, den *Big Shot* und die Achterbahn und die Wippe draußen am Turm hundert Meter über dem Erdboden.
Einer wird deshalb nicht ohnmächtig.
Wer ist denn das?
Das ist Jack, der Pirat.
Er ist mit seinem Opa nämlich auch zum Sektglas-Turm gekommen. Die beiden sind aber schlauer gewesen als Mama, Papa, Millie und Trudel. Sie haben den Bus genommen.
»Ach, das geht auch?«, fragt Mama.
Ja, Mama, das geht auch!
Jacks Opa musste viel Geld dafür bezahlen, dass sich Jack hat hochschießen und durchrütteln und runterschleudern lassen.
Ist das nicht viel zu viel Geld dafür, dass Jack jetzt bleich und elend und mit etwas zittrigen Beinen vor ihnen steht? Ja, ja, ja, Millie sieht das ganz genau.

Jack? Dschähäck? Bist du noch da?
Meine Güte, Jack sieht **völlig daneben** aus. Das ist gar nicht cool.
Na, dann mal wieder rein in den Fahrstuhl und runterfahren.

»Bis später«, rufen Mama und Papa Jack und seinem Opa vorher noch zu.
Meinen sie, dass man sich hier in der Banditenstadt noch einmal über den Weg laufen wird? Wer weiß. Der Abend ist noch lang. Erst schnell unten im Sektglas-Turm durch die Hölle gehen.
Glitzerglitzer, pinkepinkepink, klingelingeling, pinkepinkepink.
Es ist schrecklich und es ist schön. Aber besonders schön ist, dass Millie und Trudel so lange aufbleiben dürfen. Es ist wie Weihnachten.
Weihnachten, aber in ganz groß.

Auf der Strippe

Die Hauptstraße von der Banditenstadt hat eigentlich einen ganz normalen Straßennamen, nämlich *Las Vegas Boulevard*. Aber man sagt *The Strip* dazu. *Strip* kommt von Strippe, klar. Links und rechts von der Strippe liegen die tollsten Hotels, *New York-New York* und *Paris* und *Luxor.* Luxor ist in Ägypten. Weiß Millie doch.

Oben und drinnen sind die Hotels todschick, und unten ist immer die Hölle.

Da wollen wir mal nicht reingehen.

Beim Anblick der Hotels fällt Papa ein, dass er im Flugzeug einen Film gesehen hat, der genau hier spielt, in einem Hotel mitten in der Banditenstadt.

»Dieser berühmte Film mit … mit …«

Mama weiß Bescheid.

»… Brad Pitt«, sagt sie, »und mit George Clooney und Julia Roberts. Der Film heißt *Ocean's Eleven*.«

»Ja, genau«, sagt Papa.

Papa soll den Film mal erzählen, den mit diesem Oh-Schön.

Im italienischen Hotel, im *Venetian,* kann man sich gut hinsetzen.

»Ist das alles echt?«, fragt Millie und blickt hoch. Dort oben ist der knallblaue Himmel zu sehen, mit kleinen weißen Wölkchen. Das gibt es doch gar nicht!
»Draußen ist es doch schon dunkel«, wundert sie sich.
»Ja«, meint Mama. »Aber Las Vegas leuchtet selbst nachts so sehr, dass man vom Weltraum aus die Stadt glitzern sieht.«
Woher will Mama das wissen? Hat sie sich das ausgedacht?
»Das haben die Astronauten erzählt«, erklärt Mama. »Die Astronauten, die oben in so einer Weltraumstation um die Erde fliegen.«
Oh.
»Aber dieser blaue Himmel hier ist nur nachgemacht«, sagt Papa.
Er hat Trudel auf dem Arm.
Um diese Zeit muss man Trudel auch im Sitzen auf dem Arm haben. Aber dafür, dass es schon so spät ist, zeigt sie sich von ihrer **besten Seite**. Sie hat den Kopf in den Nacken gelegt und guckt sich ruhig den Himmel von Venedig an. Der sieht richtig klasse aus, so knallblau wie in Wirklichkeit.
Und vor der Marmorbank, auf der sie sitzen, gibt es einen richtigen Kanal, wie in Venedig, einen Kanal mit Brücke drüber, mit richtigem Wasser drin. Und durch diesen Kanal … guck mal, Mama, guck doch mal … da kommen

jetzt auch noch die Männer mit ihren Bommelbötchen an, die Gon-dol-jeh-re in ihren Gondeln, ja, ja, die *Gondoliere*. Und die singen auch noch hohohohoho, genau wie in Venedig. Aber hinten – na, sieh mal an –, da haben sie im Hosenbund einen kleinen Kassettenrekorder stecken. Die Gon-dol-jeh-re tun nur so, als ob. Sie bewegen zwar ihren Mund, aber sie singen nicht.

Und als die Gondeln vorbeigeschippert sind, kann Papa endlich den Film erzählen. Er macht das nicht besonders gut, aber das ist nicht so schlimm. Millie kann sich das alles so zusammensetzen, dass es passt. Kino passiert auch im Kopf.

Oh-Schön wird aus dem Kittchen entlassen. Was geht in ihm vor? Na was wohl? Er will wieder ein großes Ding drehen.

Für das Ding braucht Oh-Schön zehn Leute, mit ihm wären das elf. Elf heißt auf Englisch eleven.

Einer der elf ist für das Auto zuständig, einer für Elektrosachen und einer für Klamotten. Einer ist Spion und einer ist ein Schlangenmensch. Der muss rumkriechen, wenn es irgendwo eng wird.

Das große Ding wird im Hotel mit der Wasserorgel gedreht. Da liegt 'ne Menge Geld, hundertfünfzig Millionen. Wie soll das klappen? Ausgeschlossen. Die sind doch Banane!

Das Ding passiert, als oben im Hotel ein Boxkampf stattfindet.

Weltmeister gegen Weltmeister. Klitschkuchen gegen Renn-Ochs Löwe.
Eine Frau spielt noch mit, die sieht toll aus, sie hat ein rotes Kleid an und heißt Julia, aber im Film Täss. Täss wie Tässchen.
Bis es so weit ist, dass die elf die Millionen bekommen, wird es noch richtig spannend, und Oh-Schön wird auch ein bisschen verprügelt. Doch dann haben sie das Geld. Leider wandert Oh-Schön wieder ins Kittchen. Aber nur für kurze Zeit, dann darf er die schöne Julia drücken und küssen. Zum Schluss sind alle glücklich und die Wasserorgel tanzt.

Millie hat gerade ein neues Schimpfwort gelernt. Ob Papa das gemerkt hat?
Nee, bestimmt nicht, dann hätte er beim Erzählen besser aufgepasst. Papa ist auch Banane.
So. Ausgeruht, jetzt kann's wieder weitergehen.
Schräg gegenüber von Venedig liegt das *Mirage.* Was gibt's hier zu sehen?
Tiger! Weiße Tiger ganz in echt und lebendig!
Trudel möchte sie gerne anfassen. Sie streckt ihre Hände aus. »Miez, miez«, ruft sie.
Denkt sie, dass es Kätzchen-Tiger sind?
Na, da würde sich die kleine Schwester aber wundern. Die Tiger haben richtige Pranken, auch wenn sie wirklich

hinreißend aussehen und Millie gerne mit ihnen kuscheln würde. Aber zum Glück gibt es eine dicke Glasscheibe zwischen den Tigern und den Leuten.
Und was ist das? Guck mal, Papa, guck doch mal da drüben!
Oh und Ah und Ah und Oh machen Millie und Trudel wie aus einem Mund, als sie die Wasserorgel vor dem berühmten Hotel *Bellagio* sehen. Das ist ja die Wasserorgel aus dem Film mit Oh-Schön!
Meterhoch wiegen sich die Wasserstrahlen im Licht der fünftausend Scheinwerfer zur Musik.
»Fünftausend Scheinwerfer?«
Ja, das steht in Mamas schlauem Büchlein.
»Dreihundert Meter lang ist die Wasserorgel«, liest Mama vor. »Und über hundertfünfzig Meter spritzt das Wasser hoch.«
Mama! Das spritzt doch gar nicht. Das Wasser tanzt doch!
Millie und Trudel können sich gar nicht losreißen, obwohl sie leider, leider nur **in zweiter Reihe** stehen.
»Bitte noch mal, bitte noch mal.«
Man muss Papa und Mama nerven, damit man bekommt, was man will.
Auch Trudel jammert: »Nochma, nochma.«
»Na gut«, seufzt Papa. »Aber wir müssen eine Viertelstunde warten.«

Eine Viertelstunde kann lange dauern. Aber dafür stehen sie jetzt **in erster Reihe**.

Oh!

Ah!

Wunderbar!

Cool!

Millie kann von der Banditenstadt gar nicht genug kriegen.

Jetzt kommt die Schatzinsel. Jaha, es gibt nicht nur Banditen, sondern auch Piraten in der Stadt. Ob sie sich das auch noch anschauen dürfen? Trudel ist schon auf Papas Arm eingedöst, und die Kanonen auf den Segelschiffen machen gehörig Krach.

Trudel schreckt auf. Sie heult. Sie weiß nicht, was los ist.

Papa wiegt sie hin und her.

Ist doch schon gut, Trudelchen. Das sind doch keine echten Kanonen. In der Banditenstadt wird immer nur so getan, **als ob**.

Peng, peng, peng.

Wumm, wumm, wumm.

Alle kleinen Kinder heulen jetzt, **was das Zeug hält**.

Aber die Knallerei wäre doch bestimmt was für Jack.

Dschähäck? Bist du da?

Ja, da vorne steht Jack mit seinem Opa.

»Jack?«

»Was ist denn?«, brummt Jack. Wenigstens hat er hier in der Banditenstadt seine Ohrstöpsel rausgezogen und den Dreiplärrer in die Hosentasche gesteckt.
Millie will nur wissen, wie er die Seeschlacht der zwei Segelschiffe findet. »Gut, nich?«
»Nee«, sagt Jack. »Ist ja nicht echt. Ist nur kitschig.«
»Ich dachte …«, versucht Millie. »Ich dachte, du magst so was mit Schiffen und Piraten. Wegen …«
Manno, wie hieß der Film denn noch?
Karübe?
»Fluch der Karibik«, hilft Jack. »Aber das ist ja ganz was anderes.« Er zwirbelt seine Barthärchen und sieht Millie von ganz oben herab an.
»Karübe ist auch bloß Kino«, behauptet Millie. »Und Kino ist nicht echt. Damit du's weißt.«
Daraufhin muss Jack seine Klappe halten.
Ja, da guckst du, Dschäck, was? Millie hat doch recht. Oder?
Na, nun wird es Zeit, zurück zum Hotel zu gehen. Ein Stückchen fahren sie mit dem Bus, dann laufen sie noch mal gemeinsam die Straße runter: *The Strip.*
Überall an der Strippe stehen kleine Kirchen.
»Das sind Hochzeitskapellen«, sagt Mama. »Hier kann man ganz schnell heiraten, man braucht nur ein paar Dollar.«
»Und eine Frau«, sagt Papa.

»Man braucht sich nur eine am Handgelenk zu schnappen und rein mit ihr«, sagt Jack.
Ach, so geht das?
Alle lachen. Sogar der Opa, der sonst fast nie lacht.
Er sagt: »Aber man muss erst die Richtige finden.«
Und dann fügt er hinzu: »Und das ist das Problem.«
Aha.
Trudel hat auch nicht gelacht. Sie ist nun wirklich eingepennt, und Jack sagt traurig in die Luft hinein: »Wenn ich eine Frau finden sollte, würde ich sie auch gleich heiraten.«
»Das müsste aber ein Mädchen sein«, meint Millie.
»Natürlich«, sagt Jack.
»Aber nicht gleich schnappen«, rät sie. »So was nervt.«
»Als ob du das wüsstest«, brummt Jack.
»Ich weiß das«, sagt Millie. »Sonst ist es wie beim Uhu.«
Jack schaut sie an, als wäre sie **Banane**.
»Der Uhu aus meiner Schule«, sagt Millie.
»Versteh ich nicht«, sagt Jack.
»Ist ja auch egal.« Darüber will Millie gar nicht reden.
»Also, willst du Freundschaft oder das andere? Willst du Liebe?«, fragt sie.
»Was weißt du denn von Liebe?«, sagt Jack und: »Hör mal, das wird mir jetzt zu doof.«
»Freundschaft geht von alleine«, fährt Millie unbeirrt fort.

»Wenn du Liebe willst, musst du, glaube ich, ein Gedicht schreiben.«
»Was für ein Gedicht?«
Da muss Millie überlegen. Es muss für einen Jungen passen. Hoppla. Jetzt hat sie es.
Hallo, süße Maus.
Der Kater ist im Haus.

»Jetzt reicht's mir«, sagt Jack und zieht seinen Dreiplärrer aus der Tasche.
»Halt!«, ruft Millie. »Es geht noch weiter.«
Nämlich so:
Ich hoffe doch wohl nicht vergebens.
Du bist die Liebe meines Lebens.
Gut, gell?
Und es klingt auch noch echt nach Hollywood!

Im Tal des Todes

Ein paar Stunden Busfahrt von der Glitzerstadt entfernt liegt das Tal des Todes. *Death Valley* sagt man auf Englisch dazu. Man fährt mit dem Bus hin, und das ist gut, denn wenn man zu Fuß laufen müsste, dann würden einem die Schuhsohlen bestimmt durchschmoren.

Das Tal des Todes heißt Tal des Todes, weil es wohl die heißeste Stelle auf der Erde ist. Und es ist die tiefste Stelle von Amerika.

Auf der heißesten Stelle der Erde gibt es kein Leben. Außer den lebendigen Leuten, die mit dem Bus hinfahren.

Millie ist sehr vorsichtig beim Aussteigen. Ob hier nicht tatsächlich ihre Schuhsohlen zu brennen anfangen?

»Es sind siebenundfünfzig Grad hier«, flüstert Mama **ehrfuchtsvoll** und fügt hinzu: »Celsius. Das ist die Temperatur, die im Schatten gemessen wird. In der prallen Sonne hier ist es natürlich noch viel heißer.«

Celsius? Ach ja. In Amerika wird die Temperatur eigentlich nicht in Celsius gemessen, sondern in Fahrenheit. Hitze in Fahrenheit hört sich noch heißer an als Hitze in Celsius.

»Hundertvierunddreißig Grad in Fahrenheit«, sagt Mama.

Sie hat eine Umrechnungstabelle in ihrem Reisebüchlein entdeckt.
Aber warum flüstert sie so?
Weil es einfach **unglaublich** ist. Siebenundfünfzig Grad? 57°!
»Wer hier verloren geht, der ist verloren«, meint Silke. »Jeder, der durch Death Valley ohne Wasser, ohne Nahrung marschiert, wird sterben. Zuerst bekommt er Kopfschmerzen, dann will er sich vor Müdigkeit ausruhen, sein Körper wird heiß und kalt und heiß und kalt. Er legt sich hin. Dann dauert es nicht mehr lange und er wird gekocht. Da kann man sich vorstellen, was mit dem Körper passiert.«
Ujuijuijuijuijui. Millie kann sich das vorstellen, aber sie will nicht. Weil es ganz schrecklich ist. Was hat sie denn alles so drin in ihrem Körper? Das Herz und die Leber, den Magen und all das Gewurschtel. Ujuijuijuijuijui. Und das würde dann gekocht werden?
Nee, nee, nee, Millie wird sich nicht hinlegen, und sie wird auch aufpassen, dass Trudelchen nicht schlappmacht.
»Der Einzige, der sich sonst noch hin und wieder im Tal des Todes rumtreibt, ist der Kojote«, erzählt Silke weiter.
»Was?«, fragt Millie. »Toyota?«
»Nein, Millie«, sagt Papa. »Hör doch richtig zu! Ein Kojote!«

Wat is denn det? Seitdem Millie in Berlin war, denkt sie manchmal auf Berlinerisch.
»So eine Art Wolf«, meint Papa. »Ein wilder Hund also.«
»Und er frisst auch Aas«, fügt Silke hinzu.
Wat is denn det?
»Tote Tiere«, sagt Mama.
»Und tote Menschen«, ergänzt Silke. »Der Kojote überlebt in der Wüste und der Prärie. Er kann lange Strecken ohne

Nahrung zurücklegen, um an Futter zu kommen. Er klaut Hühner und manchmal auch kleine Babys.«
Mann, muss die immer so schlimme Sachen erzählen? Gut, dass Papa die kleine Schwester trägt. Der Kojote müsste schon sehr hoch springen, um an Trudel ranzukommen.
»Aas ist aber auch ein Schimpfwort«, meint Mama. »Hast du bestimmt schon mal gehört, Millie.«
Jo, jo. So hat Millie sogar schon einmal Trudel beschimpft. Die hat ihr das Flohspiel durcheinandergebracht, obwohl Millie ganz lieb mit der kleinen Schwester spielen wollte. Dann ist Millie das rausgerutscht. »Du bist vielleicht ein Aas!«, hat sie gesagt. Sie hat gedacht, Aas ist ein blödes Biest und nicht ein totes Biest.
Na, mal rumgucken, ob sich heute nicht ein Kojote hier herumtreibt.
Nö, nur Jack treibt sich rum. Er ist runter zum See gegangen. Mitten im Tal des Todes, etwas unterhalb der Stelle, wo der Bus gehalten hat, befindet sich ein Salzsee. Der Himmel und die Erde sind so weiß, weißer geht es gar nicht mehr. Schneeweiß. Salzweiß.
»Mama, wo ist denn meine Sonnenbrille?«
Mama rät Millie, mal in ihrem Rucksäckchen nachzusehen. Och, dann müsste Millie ja wieder zurück in den Bus klettern. Macht sie nicht.

Trudel jammert: »Billeham, Billeham.«
Mama setzt Trudel ihre eigene Sonnenbrille auf. Und Millie könnte Papa nerven, wenn sie wegen des **gleißenden** Lichts nicht mehr gucken kann. Sie würde Papa so auf den Keks gehen, dass er ihr seine Sonnenbrille leihen müsste.

Macht sie nicht.
Sie will erst mal Jack auf die Pelle rücken.
Der stochert mit seinem Turnschuh im Salzsee herum. Gleich wird der Schuh gekocht. Dann kann er ihn essen, wie Tscharlie Schlappi seine Schuhsohle gefressen hat. Vielleicht muss man das in Amerika machen, wenn einem nichts anderes mehr übrig bleibt. Bevor der Kojote kommt!
Millie erfährt von Silke, dass das Todestal sehr, sehr groß ist. Sehr, sehr groß heißt: über zweihundert Kilometer lang und über fünfundzwanzig Kilometer breit.
Fünfundzwanzig Kilometer breit? Silke, das ist gelogen. Die Berge da auf der anderen Seite sind doch **zum Greifen nah**. Ach so, jetzt fällt es Millie wieder ein: Das liegt an der knochentrockenen Luft in der Wüste. Hier sieht alles nur so nah aus. Die Berge dort drüben **scheinen** mickrig zu sein. Tatsächlich sind sie aber über dreitausend Meter hoch.

Der Erdboden in dieser Gegend ist dreimal gebackenes Gestein. Da ahnt man schon, wie hart er ist. Dreimal gebackener Kuchen wird auch hart wie Stein. Den könnte man nicht mehr essen.
Und noch was ist aufregend im Tal des Todes. Aber eigentlich weiß Millie das schon, seit sie in Sandfranz-ist-so waren. Das ist das mit dem Erdbeben. Sie hat nur nicht mehr dran denken wollen.
»Alles hier ist ja Erdbebengebiet«, führt Silke aus. »Unter der Oberfläche brodeln die Vulkane. Deswegen heißt diese Gegend auch *Ring of Fire.*«
Feuerring? Oha. Blubbert es denn schon unter Millies Füßen? Sie kann es nicht hören und sie wird sich hüten, ihr Ohr auf den Boden zu legen. Das würde dann ja gekocht werden wie ein Stück Schweinesülze.
Wenn Millie es sich recht überlegt, dann sieht es im Tal des Todes so aus wie auf dem Mond.
»Richtig«, sagt Papa.
»Dann könnten hier ja auch diese Leute gelandet sein, die mit den Raumschiffen«, meint Millie. »Wie heißen die noch mal? Mondmenschen?«
»Marsmenschen«, schlägt Mama vor.
»Außerirdische«, verbessert Papa.
Ach klar! Außerirdisch … das war doch E. T.! Iii-Tiii! Oh, den

Film hat sie mit Papa und Mama zu Hause vor dem Fernseher gucken dürfen.
»Wisst ihr noch?«
»Aber ja«, sagt Mama.
Ja, war ein toller Film. Erst hat sich Millie vor E. T. etwas geekelt, aber dann hat sie sich an seinen Anblick gewöhnt, und schließlich hat sie E. T. richtig süß gefunden.

Wie die Sterne leuchten! Nichts als Sterne über dem dunklen Wald, und plötzlich das Licht der Weltraumkapsel.
Was für ein Geräusch! Schmurch-schwirz-schnarz.
Der Junge, das ist Elliott, hat seinen Ball in den Schuppen trullern lassen, und der mit dem leuchtenden Bauch lässt den Ball zurückrollen. Elliott denkt, da ist doch was in dem Geräteschuppen, aber es ist nichts zu sehen. Und doch … E. T. ist da. Nur der Hund weiß das, der weiß es ganz sicher.
Elliott bringt dem, der nicht zu sehen ist, was zu essen. Das sind Smarties. Oh, wie E. T. grunzt und schmatzt und ruschelt. Und dann ist er da.
Huch.
Was soll Elliott mit so einem Schrumpelwesen machen? Das Fingerspiel vielleicht? Mann! E. T. hat vielleicht einen Zeigefinger, der reicht von hier bis dort, so ein langer verbogener Knöchelfinger.

Na gut, E. T. ist ein Weltraummann. Außerirdisch. Sag Hallo, Gertie, E. T. tut dir nichts. Gertie ist die kleine Schwester. E. T. möchte wieder nach Hause. Man müsste dort Bescheid sagen. Heh, kommt mal runter aus dem Weltall, holt E. T. ab. Da muss man doch telefonieren! Mitten im Wald. Elliott und sie alle fliegen mit dem Fahrrad hin. Bitte nicht abstürzen. Doch, doch, sie landen alle im Dreck. E. T. ist durch den Sturz krank geworden. Komm mal helfen, Mama. Ja, E. T. sagt auch Mama zu ihr. Wird er wieder gesund? Er liegt ja da wie tot, oh, oh, aber sein Herz glüht noch, und jetzt kommen doch seine Leute, E. T. muss schnell zu ihnen gebracht werden. Und dann fliegt er, er fliegt davon, aber … lieber Elliott … dein Freund mit dem Finger aus Licht … er wird immer bei dir sein. Ist das nicht schön?

Trudel hat sich den Film nicht anschauen dürfen. Sie ist nämlich noch viel zu klein und gehört **frühzeitig** ins Bett. Für eine Landung von Außerirdischen ist es im Tal des Todes aber viel zu heiß. Selbst ein Raumschiff würde schmelzen. Der See hier heißt *Bad Water*, und das hat natürlich auch was zu bedeuten, nämlich *Schlechtes Wasser*. Der See verändert sich jeden Tag, blubb, blubb, blubb, weil der Feuerring unter ihm brodelt. Hoffentlich nur ganz tief untendrunter. Man kann jedenfalls nichts davon sehen.

In diesem Schlecht-Wasser-See ist leider alles giftig. Man darf das Wasser nicht trinken, das Salz nicht essen und eigentlich auch keine Turnschuhe reinstecken, Jack.
Aber was Jack kann, kann Millie auch. Sie schleicht sich neben ihn und schaut sich seine Turnschuhe von der Seite an. Sie sehen noch ziemlich normal aus, gar nicht weich gekocht. Nur ein Schnürsenkel hat sich gelöst. Wenn die Sohle schon geschmort wäre, dann würde Jack das ja wohl spüren und seine **Quanten** zurückziehen. Oder?
Millie hat schöne rosa Stoffschuhe an. Da kann sich kein Schnürsenkel lösen, weil ihre Schuhe Klettverschlüsse haben. Eigentlich sind sie zu schade für **ein Experiment**. Aber wer sich nichts traut, hat auf Sand gebaut. Oder so. Ist das nicht ein Spruch von Frau Morgenroth? Frau Morgenroth kennt viele solcher Sprüche. Aber sie kennt nicht Amerika. Sie kann gar nicht nach Amerika fahren, weil sie auf ihren Hund King aufpassen muss. Und auf das Haus von Millie. King, das ist ihr lieber, netter Hund. King ist kein Kojote!
»Na, was willst du denn?«, fragt Jack, der Pirat.
»Nix«, sagt Millie.
Ein bisschen wundert sie sich, dass Jack die Stöpsel aus den Ohren gezogen hat. Aber er muss sich wohl nicht mehr den Kopf **volldröhnen** lassen.
Warum nicht?

Weil es im Wilden Westen so viele Eindrücke gibt, dass im Kopf manchmal kein Platz mehr ist für Tsi-tsi-tsi-tsi-tsi-tsi-tsi-tsi und Wumm-ti-wumm-ti-wumm-ti-wumm.
»Nix?«, hakt Jack nach.
Ja, nix!
»Ich guck nur«, sagt Millie und starrt in das Salzwasser zu ihren Füßen. »Darf ich nicht mal gucken?«
»Von mir aus kannst du gucken, so viel du willst.«
Sowieso. Warum fragt der dann so blöd? Ist er doof oder was? Ist er vielleicht so doof wegen dieser Gefährlichkeit? Wie heißt die denn noch mal? Ach ja: Bubität.
Wenn er die Bubität hat, dann möchte Millie sich nicht damit anstecken. Sie rückt ein Stückchen weg von Jack.
In diesem Moment hat sie was Interessantes entdeckt.
Es gibt doch Leben in dem schlechten Wasser!
Fische!
Eigentlich wollte Millie ja ausprobieren, was das Salzwasser mit ihren Schuhen macht. Einmal wenigstens die Schuhspitze eintauchen. Aber jetzt lässt sie es. Wegen der Fische. Sie will sie nicht stören. Die Fische sind winzig und fast durchsichtig. Wie sind die überhaupt hierhergekommen? Wie halten die es denn in dem heißen Salzwasser aus? Sie müssten doch auch gekocht werden. Aber vielleicht sind es keine Kochfische, sondern Bratfische.

Fragen über Fragen.
Jetzt hat Jack die Fische auch gesehen.
Interessant, was, Jack?
Der bückt sich. Um die Balance zu halten, macht er einen Schritt zurück. Dabei tritt er mit dem rechten Fuß auf den Schnürsenkel vom linken Schuh.
Hoppala.
Jack muss noch einen Schritt zurück machen, um nicht ins *Bad Water* zu fallen. Das wäre ja noch gefährlicher als die Bubität.
Beim nächsten Schritt ist Jack seinen Schuh los. Weil er immer noch auf dem Schnürsenkel steht, als er zurücktritt. Der Schuh hat einen Kick bekommen und plumpst in das schlechte Wasser.
Oha.
Husch, sind die Fische verschwunden.
»Du blöder Blödmann«, sagt Millie.
Jack ist ganz verdattert. Er schaut seinen Schuh an, der sich schnell mit dem giftigen Wasser vollsaugt. Dann guckt er Millie an, dann wieder seinen Schuh. Was soll er machen?
Millie ist gespannt. Zum Glück ist ihr das nicht passiert.
Schließlich fischt Jack den vergifteten Schuh mit spitzen Fingern heraus.
Iii.

Jack stolpert zurück zum Bus. Die trockene Erde ist sauheiß. Nicht zum Aushalten. Das kann Millie daran sehen, dass Jack versucht, den Boden nur mit den Zehenspitzen zu berühren. Die letzten Schritte hüpft er sogar auf einem Bein.
Wie bescheuert das aussieht, wenn ein Pirat durch das Tal des Todes humpeln muss!
Millie lacht sich kaputt. Sie ist so was von **schadenfroh**.
»Na, du bist vielleicht ein Aas!«, grunzt Jack.
Da hat er sich aber geirrt. Aas ist ja was Totes. Millie ist noch sehr lebendig, auch bei 57°! Celsius! Nicht Fahrenheit!

Verlorene Kuh

Jack hat sich über Millie geärgert und ist **mit Todesverachtung** in den Bus gestiegen. Der nasse Schuh fängt während der Fahrt schon tüchtig an zu stinken.
Der Opa verspricht, Jack in der nächsten Stadt neue Turnschuhe zu kaufen. Die sollen hier in Amerika recht **preiswert** sein.
Der Opa nimmt nichts, was Jack macht, übel. Er tut alles für ihn. Aus Mitleid? Weil Jack diese Bubität hat? Oder als Trost? Es ist nicht gut, wenn Eltern Probleme haben. Das färbt auf ihre Kinder ab. Millie kann sich das gut vorstellen.
Jack ist beleidigt und holt seinen Dreiplärrer hervor.
Tsi-tsi-tsi-tsi-tsi-tsi-tsi-tsi.
Wumm-ti-wumm-ti-wumm-ti-wumm.
Die preiswerten Turnschuhe bekommt Jack schon am nächsten Pipi-Stopp in einem Supermarkt. Da kommt er ganz schnell wieder raus aus seiner Beleidigung.
In Amerika darf man auch die Toiletten in Supermärkten benutzen. Da ist nichts dabei. Man kommt **rechtzeitig** hin, bevor man den Pipi-Tanz aufführen muss. Die Verkaufsmänner zeigen einem sogar den Weg, und man trabt durch

das Lager an riesigen Bergen von Tomatenkartons und Colakisten und Kartoffelsäcken entlang.
Zurück vom Klo kommt man auch an den Süßigkeitenregalen vorbei.
Ach, was ist denn das? Das sieht aber sehr lecker aus. Trudelchen, guck doch mal.
Trudel sagt: »Hamwolln.«
Das ist doch **eindeutig**. Heh, Mama, Millie auch hamwolln.
»Okay, okay«, sagt Mama und **zückt** ihr Portemonnaie. Da sind viele Dollars drin.
Mama kauft Obst und eine Tüte *Starburst Fruit Chews*.
Manno, das kann man ja gar nicht aussprechen, aber man kann die Starbürsten-Juchhus prima essen. Es sind nämlich Kaubonbons. Und sie sind auch noch billig gewesen! Auf dem Kassenzettel steht nämlich, dass Mama die Hälfte gespart hat. Da hätte sie doch gleich doppelt so viele Kaubonbons kaufen können, zwei Tüten. Das Doppelte von der Hälfte ist doch ein Ganzes. Oder? Dann hätte Mama die Starbürsten-Juchhus sogar geschenkt bekommen. Denn doppelt geschenkt wäre eine Tüte umsonst. Hat Millie da richtig gedacht?
Mann, sind die Starbürsten-Juchhus lecker. Man kann gar nicht aufhören damit. Nachdem Millie, Trudel, Mama und sogar Papa alle Kaubonbons **in Windeseile** verschna-

buliert haben, können sie auch die Fahrt durch die nächsten Urwaldparks **in vollen Zügen** genießen.
Papa faltet erst den einen bunten Prospekt auseinander, dann den anderen. Sie besuchen nämlich zwei Nationalparks.
»Lass mal sehen«, sagt Millie und liest selber.
Leider kann sie nicht so gut Englisch, nur die Überschriften: *Zion National Park* und *Bryce Canyon National Park*.
Wahrscheinlich spricht man das wieder ganz anders aus, als es geschrieben wird. Brütze-Kanne?
Millie muss in einer Tour schon wieder »Ah!« und »Oh!« rufen. Weil der liebe Gott die Welt so schön gemacht hat. Oder waren es die Erdbeben? Oder die Regenstürme, die immer wieder an den roten Felsen knabbern und eine Bildhauerei entstehen lassen? Ach, wahrscheinlich ist es alles zusammen.
Dünen, die zu Stein geworden sind, Felstürme und Steinnadeln. Ein ganzer Wald von versteinerten, aufrecht stehenden roten Erdmännchen, eine ganze Armee von riesigen Erdmännchen, Millionen von Erdmännchen.
»Myriaden«, sagt Mama.
Mohrrüben?
»Dies ist ein verflixter Ort, wenn man eine Kuh verloren hat. Das hat vor über hundert Jahren der Mann gesagt, der dem Park seinen Namen gab, Herr Bryce«, berichtet Silke.

Häh? Preiselbeere? Dann heißt der Park nicht Brütze-Kanne, sondern Preisel-Kanne. Da hat Millie sich vertan.
Niemand hat eine Kuh dabei, die verloren gehen könnte. Deshalb schlägt Silke auch einen Spaziergang durch die rote Felsschlucht vor, für die Leutchen, die noch **gut zu Fuß** sind. Die Felsen sehen aus wie eine Märchenburg mit vielen, vielen Türmchen.
»Die kleine Tour oder die große Tour?« Silke möchte, dass man sich für das eine oder das andere entscheidet.
Mama und Papa wählen die kleine Tour. Die verläuft nur von einem Parkplatz zum anderen. Millie und Trudel hätten sonst auch **gestreikt**. So bleiben sie nach einem kleinen Rundgang oben vor einer Wildwest-Hütte sitzen, trinken Zitronenlimonade, essen Birnen und Äpfel aus dem Supermarkt und warten, bis die anderen **schachmatt** am Treffpunkt auftauchen werden.
Der Opa wartet auch. Er hat ebenfalls Starbürsten-Juchhus gekauft. Jetzt reißt er die Tüte auf und kippt die Bonbons auf die Tischplatte. Das ist ein richtiger Berg voller Starbürsten-Juchhus. Der Opa macht sich zügig über den Berg her. Er frisst einen Juchhu nach dem anderen auf. Mann, sind die lecker, Mann. Trudel ist schon ganz hippelig, Millie auch, weil sie beide ihre Kaubonbons schon längst vertilgt haben und immerzu auf die Juchhus von dem Opa starren müssen.

Das hippelige Gefühl nennt man **Neid**. Und dafür kann man nichts.
Der Opa hat Jack einfach ziehen lassen. Er selber kann nicht mehr so gut laufen. Aber jemand wie Jack kann ruhig die große Tour machen. Wenn man nämlich in der frischen Luft marschiert, fliegen einem die Gedanken und die Probleme aus dem Kopf. Man wird abgelenkt und kann sich frei wie ein Vogel fühlen. Oder wie eine Kuh im Märchenwald.
Mama hat Millie das erklärt. Sie kennt sich damit aus. Mamas wissen alles.
Die große Tour dauert ungefähr anderthalb Stunden. In der Zeit kann man eine ganze Menge Juchhus **verschlingen**.
Der Opa isst und isst. Er ist schrecklich nervös. Denkt er, dass Jack was passieren wird? Braucht er doch nicht. Jack ist doch ein Pirat.
Während Millie und Trudel dem Opa zuschauen, werden sie immer hippeliger. Weil der Berg Juchhus auf dem Tisch vor dem Opa kleiner und kleiner wird.
Trudel ist das Wasser so im Munde zusammengelaufen, dass sie heftig schlucken muss. Millie hilft sich, indem sie noch einen Apfel isst.
Oh. Da kommt der Rest der Gruppe angekeucht.
Sind alle da?
Eins, zwei, drei, vier …

Einer fehlt. Das ist Jack. Jack, die verlorene Kuh.
Das hatten sie doch schon einmal, wenn Millie sich recht erinnert.
Immer dasselbe! Immer Jack. Immer Dschäck, Dschäck, Dschäck.
Silke ist für alle in der Gruppe **verantwortlich**. Sie meint, vielleicht habe Jack sie missverstanden und ist zum ersten Parkplatz zurückgelaufen. Sie will also die kleine Tour noch mal machen, um zu sehen, ob sie Jack auf Parkplatz Nummer eins findet.
Jacks Opa hält es nicht mehr aus. »Ich komme mit«, sagt er. Sonst ist er immer ruhig gewesen, aber jetzt macht er sich doch Sorgen. Er hat lauter Falten auf der Stirn.
Der Opa steht auf und steckt sich die Reste seiner Starbürsten-Juchhus in die Tasche. Für Jack?
Ein Kaubonbon bleibt auf dem Tisch liegen.
Millie guckt es an.
Trudel guckt es an.
Millie guckt Mama und Papa an. Darf sie oder darf sie nicht?
Trudel hat sich diese Frage nicht gestellt. In dem Moment, als Millie entscheidet, dass sie sich das einsame Juchhu einverleiben darf, hat Trudel schon zugegriffen. Diese Schnelligkeit hat Millie von ihrer kleinen Schwester nicht erwartet.
Ratzfatz ist das Juchhu in Trudels Mäulchen verschwunden.

Jetzt ist es weg und **die liebe Seele hat Ruh**.
Schade.
Was machen sie nun?
Warten, warten, warten.
Warten auf den blöden Jack.
Mama, erzähl doch mal was!
»Was denn?«
Millie zuckt mit den Schultern. Weiß sie doch auch nicht.
Vielleicht einen guten Film?
Mama kennt noch einen Film. Mal sehen, ob der was taugt.
Ja! Es ist ein Kinderfilm. Es ist die Geschichte von jemandem, der verloren geht und wiedergefunden wird.

Marlin und Cora haben viele Kinder. Marlin ist der Papa. Er ist sehr lieb zu seiner Frau und nennt sie Mausebär, obwohl sie ein Fisch ist. Die Kinder sind also Fischeier, sie sind noch nicht ganz auf der Welt.
Die Welt ist das Meer. Auch im Meer passieren schlimme Dinge. Oh ja. Marlins Frau und alle Eierkinder kommen ums Leben. Nur ein Fischei überlebt. Das wird Nemo, Papas einziger Sohn.
Nemo ist sehr neugierig. Er ist nicht immer gehorsam und bleibt nicht ständig an Papas Flosse. Nemo ist übermütig und macht hopsihopsihopsi auf den Schwammbänken. Vorsicht: die Klippen!

Nemo passt nicht auf, und so kommt es, dass ein Taucher ihn fängt und er im Aquarium landet.
Marlin, der Papa, muss Nemo wiederfinden. Freundin Dorie will ihm helfen, aber sie ist schusselig und manchmal eine richtige Zicke.
Gefahr lauert überall. Die Quallen! Die bösen Möwen! Und der Haifisch … der hat Zähne!
Es gibt aber auch richtige Hilfe. Von der Schildkröte, vom Walfisch und vom Pelikan. Und von Nemos Freunden aus dem Aquarium.
Die Sache geht gut aus. Papa findet Nemo. Umarmung? Kuss?
Nö, bei Fischen gibt es einen Klaps mit der Flosse.

Und wieso hat Mama eigentlich einen Kinderfilm ohne Millie angesehen? Wie ist denn das passiert?
Ach, ach, ach, sie hat ihn sich also mit Tante Gertrud angeschaut, als sie dort mal alleine zu Besuch war.
Dürfen denn Erwachsene ohne Begleitung von Kindern ins Kinderkino gehen?
Ja. Manchmal dürfen die das.

Cool, Mann, cool

Jack wurde schließlich gefunden. Er hatte einfach keine Lust mehr zum Wandern und hat die Zeit vertrödelt. Irgendwann ist er falleri-fallera tatsächlich zum Parkplatz Nummer eins zurückgegangen. Dass andere seinetwegen **nervös** geworden sind, hat ihn nicht berührt. Er hat nur sein fusseliges Ziegenbärtchen gezwirbelt.
Mama hat Papa zugeflüstert, dass Jack das extra gemacht hat, auch wenn er nicht weiß, dass er das extra macht.
Wie geht denn das?
»Pscht«, macht Mama.
Mama, nun sag schon!
»Jack hat es ganz gern, wenn man sich Sorgen um ihn macht«, sagt Mama, aber so leise, dass nur Millie das hören kann.
Trudel möchte, dass Mama auch ihr was ins Ohr flüstert.
Mama macht: »Pischipischischi.«
Trudel freut sich darüber.
Ach, das mit Jack ist schwer zu verstehen. Wahrscheinlich hat es damit zu tun, dass Jungs mit fünfzehn oder sechzehn die Bubität bekommen. Kriegen Mädchen denn auch so was?

Kriegen Mädchen die Mädität?
Ach, es gibt genug andere Dinge, über die Millie lieber nachdenkt.
Es ist Zeit geworden, ein Hotel anzusteuern. Mitten im Wilden Westen! Die Stadt hat einen Vornamen: Williams.
Vorm Schlafengehen noch einmal durch den Ort bummeln.
In den Läden gibt es viele Indianerdinge zu kaufen. Das sind Silberringe und Webdecken und Kullerketten. Hier ist früher überall Indianerland gewesen. Dann sind die Soldaten gekommen und haben mit den Indianern gekämpft.
Die Soldaten haben auch die vielen Bisonherden abgeschossen. Bisons sind Büffel. Von denen haben die Indianer gelebt. Sie haben Büffelfleisch gegessen und die Büffelhäute zu Leder verarbeitet und verkauft. Die Soldaten wollten die Indianer aushungern.
Über die Soldaten und die Indianer hat man ganz viele Filme gedreht. Jetzt wohnen die Indianer woanders. Man hat sie einfach abgeschoben.
Wohin?
Das wird Millie morgen sehen.
»Was wollt ihr eigentlich essen?« Es ist wichtig, dass Mama an so etwas denkt, bevor die Kinder zu jammern anfangen.
Papa und Mama essen komische Nudeln und komisches Fleisch und komisches Gemüse.

Millie möchte Pizza essen.
»Tudelauchpizziham.«
»Aber jeder nur eine kleine«, sagt Mama und bestellt für beide je eine Pizza ohne komisches Gemüse obendrauf. Leider ist die Pizza nicht nur klein, sondern sogar die kleinste Pizza der Welt. So was reicht für Trudel, aber Millie genügt das nicht. Die Pizza ist ja gerade mal so groß wie ihre Hand. Manno!
Nachtisch?
Eine Apfelrolle. Okay, okay.
Dann ganz schnell schlafen gehen, denn morgen geht es wieder früh los. Morgen geht es ins Indianerland.
Indianerland liegt am Cola-Fluss. Am Co-lo-ra-do.
Mitten im Indianerland befindet sich ein Tal, das *Monument Valley*. Mondschuh-Welle. Da sollen lauter Denkmäler zu sehen sein. In der Mondschuh-Welle sind sie aber nicht von Menschen, sondern von der Natur gemacht. Mal schauen, wie das aussieht.
Man kann das Indianertal gut mit dem Flugzeug erreichen. Das muss man sogar, wenn man nicht so viel Zeit hat und es nachmittags schon wieder weitergehen soll.
Das Flugzeug ist nur eine kleine Nuckelpinne. Papa lässt Mama den **Vortritt**. Er will sich mit Trudel beschäftigen, während Mama mit Millie die Reise ins Indianertal macht.

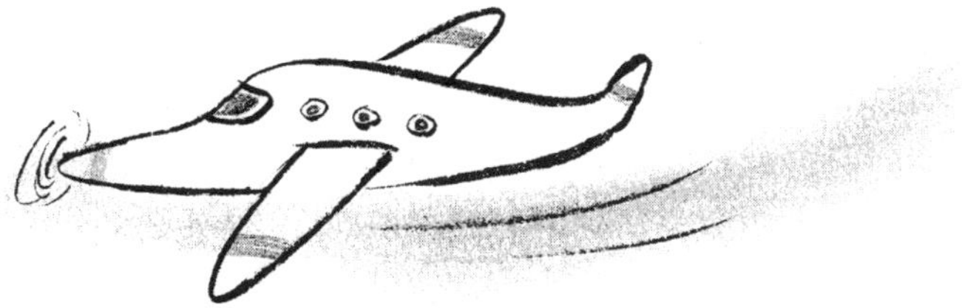

Der kleine Flieger ist nicht viel größer als eine Heuschrecke. Er sieht auch so aus. Platz gibt es nur für fünf oder sechs Leute.

Vorne sitzt der Pilot. Hinter ihm gibt es zwei Sitze für Mama und Millie. Dann ist da noch eine Reihe mit zwei Sitzen.

Für wen?

Puh. Jacks Opa will seinem Enkel aber auch **alles** bieten, was es auf der Welt gibt. Er hat ebenfalls zwei Flugtickets für die Nuckelpinne gekauft.

»Bitte alle Geräte ausschalten!«

Jack muss seinen Dreiplärrer in die Tasche stopfen.

Endlich Ruhe im Kasten!

Dann rollt das Flugzeug über die staubige Bahn. Es hebt ab. Das ist ganz anders als in einem riesigen Jumbo oder so. Es ist wie bei einer Heuschrecke. Es ist wackelig. Hoffentlich kann der Pilot den Flieger in der Luft halten.

Cool, Mann, cool!
Millie kommt aus dem Staunen nicht heraus. Das ist das Schönste, was sie je gesehen hat.
Zuerst schweben sie über dem Stausee. Auf der einen Seite fließt der Cola-Fluss rein und auf der anderen Seite kommt er wieder raus.
Aus dem Stausee bekommt die Banditenstadt ihr Wasser. Blaues Wasser. Türkis. Keine Cola.
Der Fluss ist der Co-lo-ra-do. Er windet sich in unzähligen Linien und Kurven durch das knallrote Gestein. Ringel-lingel-ringel-ling.
Das Wasser ist nicht einfach nur blau oder türkis, sondern blau-blau-blau und türkis-türkis-türkis. Und manchmal auch grün-grün-grün.
Millie muss vor Begeisterung was sagen.
Aber was soll man sagen, wenn man **keine Worte** für das Schönste auf der Welt hat?
Man sagt: Cool!
»Kannst du nicht mal den Mund halten?«, fragt Jack.
Na sieh mal an. Jetzt weiß er endlich, wie das ist, wenn man immer Lärm macht.
Aber Millie kann die Klappe nicht halten. Es rutscht und flutscht nur so raus. Weil es so toll ist, was sie sieht, so großartig, so **überwältigend**.

Cool! Geil!
Jack stöhnt.
Ja, stöhn du nur, Blödmann.
Die Nuckelpinne fliegt die Kurven des Flusses nach. Links herum und rechtsherum.
Über die rote Erde bis zu den bunt gestreiften Felsbrücken heran, über den türkisen Fluss, an die blauen Buchten und in den gelben Himmel hinein. Indianerland ist Farbenland.
»Dort ist die Regenbogenbrücke.« Der Pilot weist auf eine der berühmten Sehenswürdigkeiten hin. Eine Sehenswürdigkeit, die von Wind und Wetter, von Regen und Sonne, von Staub und vom lieben Gott geschaffen wurde. Wahrscheinlich.
»Soll ich hindurchfliegen?«, fragt der Pilot.
Ein einziger Aufschrei, aber von allen gleichzeitig: »Nein!«
Der Pilot lacht. »Ich habe doch nur Spaß gemacht.«
Mein liebes Lottchen!
Sie hätten mit der Nuckelpinne nämlich gar nicht durchgepasst.
Aber dann plötzlich erscheint ein **weites Land**.
Die Mondschuh-Welle.
Heh, Pilot, halt doch mal an!
Vorsichtig setzt der Pilot den Heuschreckenflieger auf die trockene Piste.

Flache, harte rote Erde. Von der Sonne verbrannt. Staub.
Keine Bäume.
Nix los.
Und wo sind die Indianer?
Es gibt nur einen Indianer. Er heißt Stanley. Er wird sie in einem offenen Fahrzeug durch das weite Land fahren. Stanley fehlen vorne auch zwei Zähne. Wie dem blöden Sheriff, der Papa verhaften wollte. Millie muss immer hinschauen.
Das tut man eigentlich nicht.
Wegen der fehlenden Zähne lispelt Stanley. Seine Zunge rutscht beim Sprechen aus dem Mund. Mama kann ihn wohl trotzdem verstehen. Sie übersetzt Millie alles, was er über das Indianerland erzählt.
Dass es schon vor über dreihundert Jahren Krieg zwischen den Indianern und den neu ankommenden Siedlern gab. Dass die Soldaten fast alle Indianer vernichtet haben und die übrigen in ein extra Indianerland ziehen mussten.
Dass es auch reiche Indianer gibt, die Spielhöllen wie die in der Banditenstadt besitzen, dass die meisten Indianer aber sehr arm sind. Dazu gehört wohl auch Stanley. Er hat bestimmt kein Geld für ein neues Gebiss. Oder kein Geld für die Krankenkasse.
»Bitte in eine Indianerhütte eintreten.«

Die Hütte ist aus rohen Baumstämmen gezimmert. Innen, wo es ziemlich duster ist, sitzt eine Frau auf dem Boden. Sie hat schwarzes Indianerhaar und trägt ein blaues Kleid. Es gibt also mindestens zwei Indianer im Indianertal.
Die Frau zupft an etwas Wolle herum. Mit der Wolle will sie später einen Teppich weben.
Der Opa und Mama legen ein paar Dollars auf einen Blümchenteller vor der Frau. Weil sie so arm ist.
Wenn Millie jemanden sieht, der sehr arm ist, dann muss sie einmal tief durchatmen. Weil es sie bedrückt. Was soll sie sonst machen?
Millie hat keine Ahnung.
Dann fährt Stanley mit ihnen durch das Tal.
Oh, ah, **aaah**.
Die Denkmäler, die die Natur in Indianerland erschaffen hat, ragen **urplötzlich** aus der roten Erde.
Sie haben Namen, aber auch ohne dass Millie wüsste, wie sie heißen, wäre sie auf die Namen dieser Steinfiguren gekommen.
Elefant
Kamel
Die drei Schwestern
Und der eine Fels, sieht der nicht aus wie ein richtiger Westernstiefel?

Der Stiefel passt hierher **wie die Faust aufs Auge**. Denn hier wurden die meisten Western-Filme gedreht. Ganz Hollywood ist ins Indianerland gekommen.
Stanley weiß viel zu erzählen. Er hat die berühmtesten Schauspieler noch gekannt.
Wen, Stanley? Wen?
Bambi oder Balu oder Nemo? Ach, geht ja gar nicht. Millie hat schon fast vergessen, dass das keine Schauspieler sind. Das sind ja noch nicht mal richtige Tiere. Sie sind nur gezeichnet.
»John Wayne«, sagt Stanley. »Ich habe John Wayne gekannt.«
Und? Muss man Dschonn Wein kennen?
»Aber ja«, sagt Mama. »Der beste Film mit ihm heißt …«
Da fällt Jacks Opa Mama schon ins Wort. »Der beste Film mit dem alten Cowboy heißt *Der große Treck.*«
»Nein«, sagt Mama. »Der beste Film mit John Wayne heißt …«
»Rio Bravo«, sagt der Opa.
»… heißt …« Mama gibt nicht auf.
»Die Cowboys«, schlägt der Opa vor. »Oder *Der schwarze Falke*? Was meinen Sie?«
»Ja!«, ruft Mama. »*Der schwarze Falke.* Das wollte ich ja schon die ganze Zeit sagen.«
Aha.

Na, dann erzähl doch mal, Mama. Was passiert denn in dem Film, in dem der alte Cowboy mitspielt?

Damals, als die weißen Siedler und die Indianer Feinde waren, ist die Familie vom alten Cowboy Dschonn bei einem Überfall der Indianer umgekommen. Nur der Hund hat überlebt, Dschonns Nichte Debbie und ihre Puppe.
Dschonn macht sich auf die Suche nach Debbie. Er reitet über die rote Erde und an den steilen Felsen vorbei. Die Indianer beobachten ihn und die Männer, die mit ihm reiten, bis die Jagd losgeht. Einer gegen den anderen, die Cowboys gegen die Indianer und die Indianer gegen die Cowboys. Die murksen sich gegenseitig ab. Schließlich ist Dschonn fast alleine unterwegs auf der Suche nach dem Häuptling Schwarzer Falke, der Debbie gefangen hält. Die Weißen hatten seine Söhne umgebracht, deswegen hat sich Schwarzer Falke gerächt.
Bis es so weit ist, dass Dschonn Debbie nach Hause bringen kann, gibt es noch viele Schießereien und es dauert fünf Jahre. Auch die Soldaten machen mit. Schwarzer Falke wird getötet, und Dschonn, der alte Cowboy, schneidet ihm sogar den Skalp ab, wie es sonst nur die Indianer mit den Weißen machen.

Und die ganze Geschichte spielt von Anfang bis Ende hier, im Wilden Westen, in der Mondschuh-Welle.

Millie hat früher im Kindergarten zu Karneval einmal Cowboy und Indianer gespielt. Sie war Cowboy und Mario Indianer. Ihre beste Freundin Kucki war Prinzessin. Das ist zwar besser, aber Cowboys sehen einfach cooler aus. Na gut, Indianer sehen auch klasse aus.
Wenn man so in aller Ruhe durch die Mondschuh-Welle kutschiert wird, kann man die Gegend betrachten und gleichzeitig zuhören. Alles ist schön, trotz dieser spannenden und schrecklichen Geschichte. Millie hat ein merkwürdiges Gefühl: **Die Zeit ist stehen geblieben**.
Gibt es das denn?
Leider nein. Schon fährt Stanley zurück zum Heuschreckenflieger.
Vorher setzt er sie jedoch noch an einer Holzhütte ab. Die Hütte heißt …
Na wie wohl?
Sie heißt Dschonn-Wein-Hütte. *John Wayne.* Hier hat der alte Cowboy oft gewohnt. Jetzt verkauft man in dem Holzhäuschen nur noch Andenken.
Darf Millie sich was aussuchen?
Ja. Weil die Indianer damit Geld verdienen und sie dann vielleicht nicht mehr ganz so arm sind.
Millie sucht sich eine Silberkette mit Anhänger aus. Und noch eine Silberkette mit Anhänger. Die zweite Kette ist für

Trudel. Das muss so sein. Das ist die Regel. Weil man kleine Schwestern nicht **neidisch** machen darf.
Der Anhänger soll was bedeuten. Es ist ein blinder Flötenspieler. Er stammt aus einer indianischen Geschichte und soll Glück bringen. Das ist gut.
Was ist denn mit Jack los?
Er will sich auch ein Andenken aussuchen. Er darf sich aussuchen, was er will, ohne dass sein Opa ihm **reinredet**.
Jack nimmt sich sein Piratentuch von der Stirn. Er würde sich wundern, wenn er sich jetzt im Spiegel sehen könnte! Das Tuch hat nämlich einen knallweißen Streifen auf seiner Stirn hinterlassen. Weil die Sonne ja nie auf die zugedeckte Haut scheinen konnte. Es sieht total bescheuert aus.
Jack merkt das nicht, auch nicht, als er sich einen echten, dunkelbraunen Cowboyhut mit Lederband aufsetzt und im Spiegel betrachtet. Jack hat den Hut tief ins Gesicht gezogen. Die Krempe wirft einen Schatten.
Jack sieht mit dem Cowboyhut ziemlich wild aus, ziemlich wild-west. Er denkt wohl, er sieht aus wie Dschonn Wein.
Jack dreht sich um.
»Und?«, fragt er.
»Willst du wissen, wie du aussiehst?« Will er das von Millie wirklich hören?
»Ja«, sagt er ungeduldig. »Und?«

Na dann.
»Du siehst aus wie Feivel«, sagt Millie.
Feivel ist doch die Wildwest-Maus aus dem Fernsehen.
»Wie was? Wie eine Pfeife? Du hast sie doch nicht alle!«
Na, weil er das gesagt hat, soll Jack ruhig glauben, dass er wie eine Pfeife aussieht.
Und ändert er jetzt seinen Namen? Heh, Dschäck, heißt du jetzt Dschonn?

Hallo-Tesafilm

Von der Mondschuh-Welle fliegt die Nuckelpinne nicht gleich dorthin zurück, wo sie gestartet sind. Sie macht noch einen **Schlenker** über eine Schlucht. Das ist wohl die größte Schlucht der ganzen Welt. Ein **Wunder der Natur**.
»Jahrmillionen Jahre hat der Colorado sein Bett durch den Grand Canyon gegraben«, erzählt Mama. »An manchen Stellen bis zu tausendsechshundert Meter tief.«
Jahrmillionen Jahre? Das kann man wohl auch statt viele, viele Millionen Jahre sagen. Aha. Da hat Millie wieder was gelernt.
Und die kleine Heuschrecke rumpelt und fliegt und ächzt und kreist und schwebt, und jetzt kann keiner mehr was sagen, jetzt können alle nur noch gucken und gucken und staunen und staunen über Tempel und Theater und Pyramiden. Alles von der Natur gemacht.
Das Herz ist ruhig und der Mund bleibt stumm. Nicht mal: Aaah.
Dann setzt der Heuschreckenflieger auf dem Boden auf.
Millie reckt und streckt sich.
Papa fragt: »Na?«

Millie sagt: »Ja.«
Das muss genügen.
Es dauert ein Weilchen, bis Millie wieder in die Welt zurückgekommen ist. Da sind sie schon auf der berühmten schnurgeraden Straße, der Ruuut sixtisix. Ach, da stehen ja auch überall die Straßenschilder, und Millie kann endlich sehen, wie man das schreibt: Route 66.
In *Seligman* machen sie Pause.
Was ist denn das für ein komischer Ort?
Seliger Mann!
Wie lustig es hier aussieht! Überall stehen Barbie-Autos herum. Aber in groß! Das knallrote da! Es hat vorne eine Haifischschnauze und hinten Haifischflossen.
»So sahen früher die Autos aus«, sagt Papa. »In den Fünfzigerjahren.«
Wann war das denn?
»Vor mehr als fünfzig Jahren. Als noch eine Neunzehn vor der Fünfzig stand: 1950.«
Ach so.
Am Straßenrand der *Ruuut sixtisix* haben einige Leute angehalten. Obwohl es so heiß ist, tragen sie **von Kopf bis Fuß** schwarze Lederkleidung.
Wieso denn das?
Weil sie hinstürzen und sich verletzen könnten. Die Kleidung

ist eine Schutzkleidung. Die schwarzen Lederleute fahren nämlich Motorrad.
Papa kann sich gar nicht von dem Anblick lösen.
»Das sind ganz besondere Maschinen«, meint er und schleicht um die Motorräder herum.
Sie sehen **picobello** aus, schwarz und silbern, blitzeblank geputzt.
Papa sagt ganz feierlich: »Harley Davidson.«
Er sagt es, als wäre so eine Hallo-Tesafilm ein Wunschtraum von ihm.
»Oh ja«, sagt Papa. »Davon haben wir früher alle mal geträumt.«
»Früher?«, fragt Mama. »Was meinst du mit früher?«
»Als ich sechzehn war«, sagt Papa.
War Papa tatsächlich mal so alt wie Jack? Das kann Millie sich gar nicht vorstellen.
Und wenn er sich wirklich so eine Hallo-Tesafilm gewünscht hat, dann ist er ja auch so ein Spinner gewesen wie Jack.
Das ist ja nicht zu fassen!
»Und genauso einen Biberschwanz hätten wir auch alle gern gehabt.«
Ach, das was die Lederleute hinten auf dem Motorrad an ihre Antennenstange gebunden haben, sind Biberschwänze?
Arme Biber, arme Biber.

»Na ja«, sagt Papa und setzt sich mit Trudel auf den Betonsockel einer Benzin-Zapfsäule, die auch aussieht, als käme sie aus Barbie-Land. »Damals haben wir alle diesen tollen Film gesehen. Wir sind sogar mehrmals ins Kino gegangen, um *Easy Rider* anzugucken.«
»Wer sind *alle*?«, will Mama wissen.
»Na, *alle*«, wiederholt Papa. »Alle Jungs damals.«
Manno, die durften also ins Kino!
Der Betonsockel, auf den Papa sich niedergelassen hat, liegt im Schatten. Gute Idee, sich dort auszuruhen.
Millie hockt sich, eins, zwei, drei, einfach auf den Boden.
Mach mal, Papa. Erzähl uns was von diesem fiesen Reiter.

Wrumm, wrumm machen die Maschinen. Wrumm, wrumm.
Zwei Männer fahren auf ihren Motorrädern quer durch Amerika. Es sind Billy und Käpt'n Amerika. Sie träumen davon, ganz frei zu sein.
Und die Musik spielt. Immer und immer, den ganzen Film hindurch. Die Gitarren. Sie singen »Bonn-Tube-Wald«.
Billy und sein Freund fahren in aller Ruhe durch die Gegend. Sie schauen sich die Augen aus dem Kopf.
Was sehen sie?
Die schneebedeckten Berge, die roten Felsen, die schnurgerade Straße.

Links die Bruchbuden, rechts die Schrottautos. Am Himmel steht die glühende Sonne.
Sie sehen den Colorado.
Nachts wird der Horizont glasblau. Und schwarz stechen die Felsen im Indianerland in die Höhe.
Wrumm, wrumm.
Manchmal sind sie zu dritt. Einmal ist der Dritte ein Mann aus der Stadt, der eigentlich Mickymaus sein wollte.
Sie sitzen am Feuer, draußen, und über ihnen dunkle Nacht. Sie denken, sie sind frei.
Die Leute mögen keine freien Menschen, weil sie selber nicht frei sind. Sie müssen arbeiten und arbeiten oder warten und warten, wenn andere mit ihrem Motorrad durch die Welt brausen.
Wrumm, wrumm.
Die Leute bringen aus lauter Wut den dritten Mann um. Diesmal ist der Dritte der, der vierzig Ufos auf einmal gesehen hat und einen goldenen Motorradhelm trägt.
Billy und Käpt'n Amerika lernen zwei Mädchen kennen, aber die Reise geht ohne sie weiter.
Da werden sie von zwei Typen, die in einem Lastwagen an ihnen vorbeifahren, umgelegt. Aus und vorbei der Traum.

»Umgelegt? Was ist das?« Millie ist sich nicht ganz sicher.
»Na ja«, sagt Papa. »Um die Ecke gebracht. Du weißt schon.«

Ach ja, Millie weiß schon. Man sagt eine ganze Menge, wenn man meint, dass jemand getötet wurde. Solche Sachen passieren in einem Krimi.
Papa sagt: »Es ist kein Film für Kinder, nicht für Kinder unter sechzehn.«
Das hat Millie schon verstanden.
Und Bonn-Tube-Wald?
»Wild sein«, übersetzt Papa. »Geboren, um frei zu sein. Born to be wild.«
Das war vielleicht ein blöder Film! Millie mag es lieber, wenn Filme gut ausgehen. Mit Gruß und Kuss am Schluss.
Die Sonne ist inzwischen gewandert. Der Schatten auf dem Betonsockel ist seitwärts gezogen, und Millie sitzt schon wieder in der prallen Sonne. Manno. Viel zu heiß.
Aber drüben, auf der anderen Straßenseite, da, wo so viele amerikanische Fahnen mit Sternchen und Streifen hängen, da gibt es Schatten.
Und da gibt es auch einen Eiscremeladen. Was sonst soll das riesige Waffelhörnchen auf dem flachen Dach bedeuten?
Lies mal vor, Mama, steht da nun Eiscreme drauf oder nicht?
»Snow Cap«, liest Mama vor. »Schneemütze.«
Das hört sich gut an. Schnee ist doch schon sehr verwandt mit Eis.

Das muss aber ein komischer Laden sein. Die Leute gehen normal rein, normal ernst, und kommen alle lachend wieder heraus. Sie müssen sich sogar den Bauch halten vor Lachen. Na, das ist doch was für Millie und die kleine Schwester. Nicht wahr, Trudelchen?

»Tudeleiskemham!«
Richtig, Trudel, das hast du fein gesagt.
»Na gut«, meint Mama. »Schauen wir mal, was es da gibt.«
Es ist gar nicht so einfach, in die Schneemütze reinzukommen.
Es gibt nämlich ganz viele Klinken an der Eingangstür.
Welche ist denn die richtige?
Mama liest **vorsichtshalber** erst mal die Schilder im Fenster.
Tut uns leid, wir haben geöffnet.
»Hm«, macht Mama. »Ich glaube, man darf eintreten. Und es gibt nicht nur Eiscreme, sondern auch was anderes zu essen. Allerdings nur komische Sachen.«
Was denn?
Hamburger ohne Hamburg
Cheeseburger mit Cheese
Totes Hähnchen auf Butterbrot
Mama findet endlich die richtige Klinke, um die Tür zu öffnen.
Alle Mann eintreten!
Das ist ja ein winziger Laden. Mehr Leute als Papa, Mama, Millie und Trudel passen gar nicht rein.
Es gibt eine kleine Theke. Dahinter stehen drei Männer. Die scheinen nur auf Papa, Mama, Millie und Trudel gewartet

zu haben. Sie heißen Juan, John und Bob und schütteln erst einmal allen vieren die Hände. Sie wollen alle Wünsche erfüllen.

Papa fängt an.

Er hätte gerne ein Brötchen mit einem Würstchen. Ein *Hot Dog*. Millie weiß, dass ein *Hot Dog* eigentlich ein heißer Hund ist.

John sagt: »Tut uns leid, aber wir müssen den Hund erst noch schlachten.«

Ach, du meine Güte!

Papa, lass uns abhauen.

Aber Papa lacht.

Bob sagt: »Oh, ich habe gerade gemerkt, dass hier noch ein Hot Dog in der Pfanne liegt.«

»Den nehme ich«, sagt Papa.

»Möchten Sie auch Senf dazu?«, fragt Juan, als Bob Papa das Brötchen mit dem Würstchen rüberreicht.

»Gerne«, sagt Papa.

Juan kommt mit einer großen Senf-Spritzpistole an. Als er noch eine Armlänge von Papa entfernt ist, drückt er drauf. Der Senf spritzt **in einem hohen Bogen** auf Papa zu und landet auf seinem Hemd. Es ist Papas schönstes Hemd,

hellblau-weiß gestreift, und er hat es erst heute Morgen frisch angezogen.
»Huch«, stößt Papa aus und macht einen Schritt rückwärts. Oha, das ist ja nun eine richtige Schweinerei. Der Senf hat sich in langen Kringeln auf Papas Hemd ausgebreitet. Die ekligen Kringel sehen aus wie Vogelschiss.
Millie und Trudel schauen Papa ganz entsetzt an. Was wird er jetzt tun?
Papa hat sich schnell gefasst. Er fährt mit seiner Hand über die Senfkringel und lacht aus vollem Hals. Denn der Senf ist gar nicht echt. Aus der Senf-Spritzpistole ist gelber Schaumstoff gekommen.
Ach so. Millie und die kleine Schwester können sich beruhigen. Der heiße Hund ist jedenfalls echt. Na, kein Hund, sondern ein ganz normales Würstchen.
Und was hat Mama sich ausgesucht?
Sie möchte nur was trinken.
»Eine Cola, bitte«, sagt sie.
Bob fragt: »Wollen Sie aus der Flasche trinken?«
»Och … ja«, sagt Mama.
Bob bringt ihr eine Colaflasche mit einem Babynuckel obendrauf.
Hat der sie nicht alle?
Mama lacht. Dann schüttelt sie den Kopf. Sie will lieber doch

nicht aus der Flasche trinken. Deshalb bekommt sie eine Dose Cola.
»Möchten Sie vielleicht einen Strohhalm?«, fragt John.
»Ach ja«, sagt Mama.
John greift unter den Tisch und holt eine Handvoll richtiges Stroh hervor.
Nein, John, was machst du denn da? Damit kann man doch nicht trinken. So hat Mama das doch nicht gemeint!
Es dauert ein Weilchen, bis Mama einen richtigen Strohhalm bekommt. Der richtige Strohhalm ist eigentlich ein falscher Strohhalm, nämlich aus Plastik. Müsste er dann nicht auch Plastikhalm heißen?
Jetzt sind Millie und Trudel an der Reihe.
Eiscreme!
Millie muss aber genau hinsehen, damit nichts schiefläuft. Trudelchen, guck du auch hin.
Juan nimmt ein Waffelhörnchen. Das ist schon mal echt. Dann geht er zu der Eismaschine. Das wird aber ein nettes, weißes Eistürmchen!
Millie lässt Trudel den Vortritt. Sie will nett zu der Schwester sein, weil Trudel beim Warten noch nicht so geduldig sein kann wie sie selbst.
Bevor aber Juan das Eis Trudel überreicht, leckt er dran. Die Hälfte vom Eistürmchen verschwindet in seinem Maul.

»Ich muss doch erst mal probieren, ob den Kindern das Eis auch schmecken wird«, sagt er.
Dann streckt er seine Pfote mit dem Waffelhörnchen und dem halben Eis aus.
Trudel will das Eis nicht. Sie streckt ihre Händchen ebenfalls aus. Aber abwehrend.
Und Millie?
Millie will das Eis auch nicht. Wo schon ein anderer dran geleckt hat? **Iii.**
Mama und Papa lachen selbst darüber. Finden die das witzig?
Juan frisst auch die andere Hälfte von Trudels Eis auf. Dann lässt er ein neues Eistürmchen in ein neues Waffelhörnchen fließen.
Trudel will aber kein Eis mehr. Sie versteckt sich hinter Papas Bein und klammert sich an seiner Hose fest. Sie mault.
Millie kann Eiscreme nicht widerstehen. Sie greift zu.
Dann muss Mama alles bezahlen. Den heißen Hund, die Cola und die Eiscreme.
Sie kramt ihr Portemonnaie aus der Tasche hervor.
Und da, hast-du-nicht-gesehen, schnappt sich Bob das Portemonnaie und verschwindet damit.
Der hat sie wirklich nicht alle! Und Mama und Papa lachen immer noch!

Trudel fängt jetzt richtig an zu heulen. Papa hat nun alle Hände voll zu tun, sein Würstchen zu essen und Trudel zu beruhigen. Er schafft es, sie mit einem Arm hochzuheben. Von da oben wirft Trudel **bitterböse Blicke** auf Juan, John und Bob.

Endlich bekommt Mama ihr Portemonnaie zurück. Alles geht gut aus, und Juan, John und Bob schenken Mama sogar als Andenken eine Ansichtskarte von den dreien.

Na, das Erlebnis würde Millie aber auch ohne Andenken nicht vergessen!

Draußen lachen Mama und Papa immer noch. Millie denkt, dass Erwachsene über ganz andere Dinge lachen als Kinder. Jacks Opa will auch wissen, warum die Leute so lachen, wenn sie aus dem Schneemützen-Laden in Seliger Mann rauskommen.

»Ihr müsst mal reingehen«, sagt Millie.

Sie hat gesehen, dass Jack sich so einen Biberschwanz gekauft hat. Was will er damit bloß anfangen? Er hat doch gar kein Motorrad. Er soll mal in den Schneemützen-Laden gehen. Vielleicht werden Juan, John und Bob ihm den Fellschwanz klauen oder den Ziegenbart abschneiden und vielleicht wäre dann endlich Jacks Bubität vorbei. Dann hätte Millie auch was zum Lachen.

Mahi-Mahi-Fisch und Babykuh

Die Hallo-Tesafilm-Motorräder sind schon längst mit flatterndem Biberschwanz davongeknattert, und auch Millie kann wieder in den Bus einsteigen und auf der schnurgeraden Straße mit dem gelben Mittelstreifen weiterzuckeln. Ab und zu vorbei an ein paar flachen, schmucklosen Häusern, an Autohöfen voller blauer Lastwagen, *Trucks*, und begleitet von endlosen Stromleitungen am Straßenrand. Immer nur geradeaus, hinein in den blauweißen Horizont. Links und rechts ist wieder Wüste und nichts, nichts, nichts als Wüste.
Und dann kommt Hollywood!
Halt, halt, nicht so schnell! Das dauert noch! Noch einmal übernachten im Flamingo-Hotel. Keine echten Flamingos zu sehen, nur lauter rosa Blitzer-Glitzer-Flamingos draußen und drinnen an den Wänden.
Unten im Hotel gibt es auch eine Banditenstadt-Hölle, wo das Geld klimpert und die Leute **ihren letzten Pfennig** loswerden. Den letzten Cent!
Papa schlägt vor, einmal schick essen zu gehen.
Im Restaurant? Au ja. Fein. Vorher noch frisch machen.

Am Tisch im Restaurant können sechs Leute Platz nehmen. Platz für vier hätte **vollkommen** gereicht. Aber jetzt kommt der Opa mit Jack dazu.
»Haben Sie etwas dagegen?«
»Aber nein«, sagen Mama und Papa wie aus einem Mund.
Jack hat sich auch frisch gemacht. Aber wie! Er trägt immer noch seinen Cowboyhut, aber jetzt hat er den Fellschwanz daran befestigt. Also haben sie ihm den Biberschwanz im Schneemützen-Laden nicht geklaut.
Jacks Opa erklärt, dass Jack den Fellschwanz **höchstpersönlich** an den Hut genäht hat. Es gibt ein kleines Etui mit Nähzeug in den Hotelzimmern.
Aha.
Und was ist mit Jacks Kinn passiert?
Vom Ziegenbärtchen sind nur noch Stoppel übrig geblieben.
»Du siehst ja toll aus, Jack«, sagt Mama bewundernd. »Du siehst aus wie ein richtiger Trapper.«
»Kann schon sein«, sagt Jack und streicht sich über die Bartstoppeln.
Papa gefällt sein Aussehen wohl nicht so gut.
»Willst du nicht den Hut abnehmen?«, fragt er. »Du bist doch kein Fallensteller.«
»Ach, lass ihn doch«, wirft Mama ein.
Sie ist schon wie Jacks Opa, der ihm alles durchgehen lässt.

Das sollte Millie mal versuchen! Dann gäbe es gleich Theater.
Mama liest die Speisekarte vor.
Was gibt es hier zu essen?
Erstens: Mahi-Mahi-Fisch mit Knobelloch und Kohlschlacht.
Hm.
Zweitens: Klatschjunge Garnrolle, gegrillt und mit einem Husch Zitzenstock, ebenfalls mit Knobelloch und Kohlschlacht.
Hm.
Und drittens: ein Pfund Babykuh, langsam gebraten, süß und tanzend, auch das mit Knobelloch und Kohlschlacht.
Soll Millie Babykuh essen? Eigentlich möchte sie das nicht, weil ihr die Babykuh leidtut. Mahi-Mahi-Fisch will Millie aber auch nicht essen. Fisch stinkt nämlich.
»Trudel, willst du vielleicht Babykuh essen?«
»Jaha«, sagt Trudel.
»Kleine, süße Babykuh?«
»Jaha«, sagt Trudel.
»Barbecue heißt das«, korrigiert Mama. »Soll ich nicht lieber einfach etwas auswählen und wir probieren von allem etwas?«, schlägt sie vor. »Wird schon gut gehen.«
»Ihr Wort in Gottes Ohr«, sagt der Opa.
Der Opa wird das, was es zu essen gibt, auch nicht richtig verstanden haben.

Was ist denn das auch für eine komische Sprache?
Na ja, wird wohl Amerikanisch sein.
Schließlich ist der Tisch für sechs Personen mit dem Futter voll beladen. Jeder kann nehmen, wovon er will. Alles andere kann er **links liegen lassen**. Das ist gut. Obwohl die meisten Sachen sehr lecker aussehen. Der Fisch sieht nicht nach Fisch aus, und die Babykuh ist auch nicht mehr zu erkennen.
Und es gibt so viele Pommes, wie man es sich nicht vorstellen kann. Bald sind alle satt, nur Trudel greift noch mal mit der ganzen Hand in die Pommes. Aber sie zermanscht sie nur.
Es gibt ein feines Weinchen aus Kalli-wohin für Papa, Mama und Jacks Opa.
Jack kriegt Cola, und Millie darf auch ein bisschen davon schlürfen. Ist denn heute Sonntag?
Millie weiß auf dieser Reise gar nicht, was für ein Tag eigentlich ist. Weil in Amerika die Sonntage nicht von den Montagen und den Dienstagen zu unterscheiden sind.
Sonntag oder nicht: Morgen jedenfalls werden sie in Hollywood sein.
»Sag mal Hollywood«, fordert Millie Trudel auf.
Trudel sagt: »Wollyhut.«
»Nein, Trudelchen, es heißt doch Mollywut!«

»Millie!« Das sind Papa und Mama. Millie soll Trudel keinen Blödsinn beibringen. Auch wenn Blödsinn Spaß macht.

»Millie!«

Ja, klar, schon wieder kriegt Millie eins auf den Deckel. Sie sollte es mal wagen, sich mit einem Biberschwanz am Hut an den Tisch zu setzen!

Ach, vielleicht ginge das sogar. Mama hat ihr mal erklärt, dass Damen ihren Hut im Restaurant aufbehalten dürfen.

Na, dann gib mal her, Jack!

Und bevor sich Jack noch rühren kann, hat Millie sich den Cowboyhut geklaut und auf den Kopf gesetzt.

Mann, wird sie toll aussehen! Wie ein richtiger Trapper!

Aber schon geht's wieder los.
»Millie!«
Jack raunzt etwas Unverständliches und streckt seine Pfote aus.
»Ach, lass sie doch!«, sagt der Opa.
Ja, lass sie doch.
Alle lachen, bis auf Jack. Er knurrt, aber er lässt sie. Er fährt sich nur mit den Fingern durch die platt gedrückten Haare, damit sie wieder aufrecht stehen und er nicht ganz so doof aussieht.
Millie grinst ihn an.
»Na warte«, sagt Jack.
Ja, Millie ist jetzt Banane, aber das ist sie manchmal ganz gerne, sie ist auch Bonn-Tube-Wald.
Trudel will Jacks Hut ebenfalls aufsetzen.
»Hamwolln«, sagt sie.
Aber das geht wirklich nicht. Trudel wird womöglich den Biberschwanz vom Hut abreißen. Sie wird versuchen, das Lederband über der Hutkrempe abzupulen. Und sie wird ausprobieren, ob so ein Cowboyhut groß genug ist, um sich reinzusetzen.
Jack ist schon ganz kribbelig. Er weiß nicht, ob er Trudel auch **ihren Willen lassen** muss.
Aber siehst du, Jack, Millie wird den Hut gar nicht hergeben.

Sie sagt einfach: »Nein, nein, nein.«
Jack muss ihr nun wirklich sehr dankbar sein. Cool!
Und jetzt sollten sich alle einfach auf Hollywood freuen.
»Hollywood ist keine eigenständige Stadt«, behauptet Mama.
»Nein?«
»Hollywood ist nur ein Stadtteil von Los Angeles.«
»Kossandscheleh«, wiederholt Trudel.
Klops-an-Gelee? Ja, prima, Trudel ist eine tolle Wort-erfinderin. Aber die Stadt hat einen richtig guten **Spitz-namen**. Jeder nennt sie nur L. A.: Ellie.
»Ich hoffe, dass wir in L. A. tatsächlich so ein Filmstudio von innen sehen können«, sagt Papa.
»Aber ja«, meint der Opa. »Man kann in den *Universal Studios* sehen, wie die Filme mit dem weißen Hai oder diesem Außerirdischem gedreht wurden. Die Original-kulissen sind dort aufgebaut.«
»Wie spannend«, sagt Mama. »Gibt es auch noch richtig alte Kulissen? Vielleicht sogar die von meinem Lieblingsfilm?«
»Und der wäre?«, fragt Jacks Opa.
»Mein Lieblingsfilm ist *Vom Winde verweht*«, behauptet Mama auf einmal.
Im Flugzeug neulich hat sie aber noch was ganz anderes gesagt!

»Meine Lieblingsfilme sind die von James Dean«, sagt der Opa. »Aber Jack zum Beispiel kennt die gar nicht mehr.«
Jack hat *Terminator* gesehen und *Herr der Ringe* und *Matrix Reloaded.* Er hat sogar *E. T.* gesehen.
»Ich auch«, sagt Millie.
»Und wie fandest du den?«
Was? Will sich Jack etwa mit Millie unterhalten?
»Ja, gut«, sagt Millie. »Ganz toll.«
»Als ich so alt war wie du, fand ich den wohl auch toll«, sagt Jack.
Darüber muss Millie nachdenken. Hat Jack sie jetzt etwa beleidigt? »Wenn ich so alt bin wie du«, sagt sie schließlich, »dann gucke ich mir auch den Film mit der Karübe an.«
»Karibik«, korrigiert Jack.
Na schön. Sie hat das auch nur so gesagt. Millie muss den Film gar nicht **unbedingt** angucken, sie möchte lieber noch einmal *Der kleine Eisbär* sehen, aber sie will nett zu Jack sein.
Der Opa sagt: »Ich konnte früher von *Dick und Doof* die Nase nicht voll bekommen und ich bin in jeden Film von Alfred Hitchcock reingegangen.«
»Ach, das war vor meiner Zeit«, sagt Papa. »Aber … Ich habe auch einen Lieblingsfilm. Das ist die Geschichte von dem, der mit dem Wolf tanzt.«

Was, Papa? Das gibt's doch nicht. Millie hat zwar schon einmal im Zirkus gesehen, wie jemand mit einem Hund getanzt hat. Aber mit einem Wolf?
»Das ist der Film, der vom Soldaten John handelt«, sagt Papa und beginnt, die ganze schöne Geschichte zu erzählen.

Eigentlich wollte der Soldat John nicht mehr weiterleben. Aber es kommt alles anders. Er wird versetzt ins Indianerland und muss dort ganz alleine leben.
John ist gern allein. Indianerland ist schön. Es ist grün und gelb und rot. Nichts ist los.
Dann kommt der Wolf. Er hat schneeweiße Pfoten. Deshalb nennt John ihn Socke.
John findet ein verletztes Indianermädchen. Er bringt es zu seinem Stamm.
Und was dann?
Dann lernt John die Indianer kennen. Sie wollen mit ihm reden, aber nur das Mädchen kann die Sprache des weißen Mannes ein wenig. Die Indianer wollen wissen, ob John Büffel gesehen hat. Büffel – davon leben sie.
Die Büffel kommen nachts. Die Erde bebt von ihrem Getrampel. Weil John mit Socke, dem Wolf, ums Lagerfeuer tanzt, nennen die Indianer ihn Der-mit-dem-Wolf-tanzt. Socke frisst John sogar aus der Hand.

John liebt das Indianermädchen, das eigentlich von weißen Siedlern abstammt. Es wird seine Frau.
Aber schließlich kommen die Soldaten. Wenn Soldaten auf Indianer treffen, dann gibt es Krieg.
Die Soldaten schießen auf John und sie erschießen Socke, den Wolf.
John will zu den Mächtigen des Landes reisen, um ihnen zu erzählen, wie die Indianer wirklich sind, nämlich kein Volk von Bettlern und Dieben. Sie können Freunde sein.
Aber die Indianerstämme werden in den nächsten Jahren fast alle vernichtet.

Wie traurig und wie schön der Film ist. Selbst Jack hat gut zugehört. Ohne Tsi-tsi-tsi-tsi-tsi-tsi-tsi-tsi oder Wumm-ti-wumm-ti-wumm-ti-wumm im Ohr. Papa hat nicht schlecht erzählt. Und Millie hat derweil vor lauter Spannung noch ein bisschen an den Resten der Babykuh rumgepult. Die fettigen Finger wischt sie einfach am Biberschwanz ab. Jack merkt das **zum Glück** nicht. Und als sie später am Abend aufbrechen, merkt er auch nicht, dass Millie immer noch den Cowboyhut trägt und damit, lalalalala, in ihr Hotelzimmer marschiert.

Tudelfättig

Zum Frühstück taucht Millie natürlich mit Jacks Cowboyhut auf dem Kopf auf.
»Hey, du kleines Aas«, sagt Jack und reißt Millie den Hut vom Kopf.
Ist das vielleicht eine Begrüßung!
Millie wird Jack deshalb ein bisschen ärgern.
Jack hat sich gerade den Hut auf dem Kopf zurechtgerückt, da sagt sie: »Passt er dir denn noch?«
»Wieso nicht?«
»Weil Trudel sich gestern Abend reingesetzt hat.«
Jack macht eine Bewegung, als wollte er den Hut noch einmal abnehmen, aber dann hält er mitten in der Bewegung inne.
»Ach, du spinnst doch.«
»Nein, nein«, sagt Millie und nickt heftig mit dem Kopf. »Es war ein Notfall!«
»Was für ein Notfall?«, fragt Jack mit unsicherer Stimme.
»Na, so einer eben«, sagt Millie und grinst.
»Was für ein Notfall?« Jacks Stimme ist ein wenig lauter und drohender geworden.

Wunderbar, wie er sich langsam aufregt.
»Na«, sagt Millie wieder und kann sich ein **hämisches Grinsen** nicht verkneifen. »Das Klo war leider besetzt.«
»Sag das noch mal!«
»Das Klo war besetzt«, wiederholt Millie. »Und Trudelchen musste Pipi machen.«
»Das glaub ich jetzt nicht«, sagt Jack.
»Kleine Kinder sind manchmal so«, sagt Millie. »Was sollte sie denn machen?«
»Du verarschst mich doch?«
Millie schüttelt den Kopf.
»Aber es ist schnell getrocknet«, sagt sie und lacht sich **ins Fäustchen**.
Jetzt nimmt Jack den Hut doch vom Kopf und schaut ihn sich gründlich an. Dann steckt er tatsächlich seine Nase rein und schnüffelt daran.
»Ich rieche nichts«, sagt er. »Du hast mich doch verarscht.«
»Verarscht sagt man nicht«, meint Millie. »Man sagt veräppelt. Damit du's weißt!«
»Mein Gott, Kinder sind einfach ekelhaft«, sagt er.
»Ja«, sagt Millie. »Kinder bis sechzehn. Dann bist du auch dabei.«
Darauf weiß Jack nichts zu antworten. Und der Bus wartet sowieso schon. Nichts wie raus.

Ruckelzuckel, ruckelzuckel. Jetzt schaukelt der Bus sie aus der Wüste heraus. Die Prärie verwandelt sich in eine grüne Landschaft. Hops, und nun sind sie sogar über den Andreasgraben gefahren.

»Ich hab nichts gemerkt«, jammert Millie ein bisschen. »Es hat ja gar nicht geruckelt.«

Kann der Bus bitte noch mal zurückfahren?

Nee, kann er nicht.

Och. Die Andreasspalte! Millie hätte sich sooo gerne mal über den Riss in der Erde gestellt. Das linke Bein auf die eine Kontinentalplatte und das rechte auf die andere Platte.

Und wenn dann gerade wieder so ein Rums passiert wäre? Ein Erdbeben, weil sich die Platten untereinandergeschoben hätten?

Was wäre dann mit Millie geschehen? Wäre sie dann in den Graben geplumpst?

Nicht auszudenken! Also hört Millie sofort auf zu jammern.

Und dann taucht auch schon Ellie auf. Ganz verschwommen. So von Weitem könnte es auch Sandfranz-ist-so oder sogar New York sein. Ein Meer von glitzernden Hochhäusern. Glaspaläste.

In Ellie gibt es viele berühmte Straßen und viele berühmte Stadtviertel. Hollywood zum Beispiel. Aber noch sind sie nicht da.

Der Bus fährt zunächst durch den *Sunset Strip.* Jacks Opa beginnt eine Melodie zu summen und kann und kann nicht mehr aufhören. Dann singt er sogar. Was soll das denn sein: *Ssäwenti-ssäwen-ssansett-stripp*?

»Hör auf, Opa«, sagt Jack. »Du nervst.«

Ach ja? Und sein Tsi-tsi-tsi-tsi-tsi-tsi-tsi-tsi? Das muss wohl jeder ertragen.

Der Opa macht aber weiter. *Ssäwenti-ssäwen-ssansett-stripp.* Ziemlich laut sogar. Dann seufzt er tief. Und nach dem *Ssäwenti-ssäwen* macht er: »Peng, peng, peng, peng.«

Ist *Peng, peng, peng, peng* die zweite Strophe von *Ssäwenti-ssäwen-ssansett-stripp*?

»Peng, peng, peng, peng«, wiederholt Trudel. Sie lacht sich halb kaputt.

»Ja«, sagt Jacks Opa. »Das war eine Serie im Fernsehen. *Seventyseven Sunset Strip.* Die wurde hier gedreht. Das waren ganz, ganz tolle Detektivfilme.«

Ssäwenti-ssäwen-ssansett-stripp.

»Opa!«, empört sich Jack. »Die Leute gucken schon.«

»Sollen sie ruhig«, sagt Opa. »Wir haben uns damals auch amüsiert.«

»Opa! Das ist bestimmt tausend Jahre her!«

Mann, was fällt Jack ein! So alt ist der Opa nun auch wieder nicht!

»Das war in den Sechzigerjahren«, fährt der Opa unbeirrt fort.
»Letztes Jahrhundert«, sagt Jack.
Ach, dann ist der Opa doch schon tausend Jahre alt.
Die Ssäwenti-ssäwen-Straße sieht eigentlich nach nichts Besonderem aus. Ein Schuhladen. Ein Friseur. Pommesbude. Noch ein Schuhladen. Noch ein Friseur. Und viele Pommesbuden.
Und da! Irgendwo dazwischen, dort oben auf den grünen Hügeln leuchtet in riesengroßen Buchstaben ein Wort:

HOLLYWOOD
Mensch, darauf hat Millie doch gewartet!
Das H und die drei OOOs und das D, die blitzen in strahlendem Weiß. Aber die beiden LLs, das Y und das W sehen ein

bisschen grau aus, weil sich auf dem Hügel schon Nebelschwaden zusammenziehen.
Na, macht nichts.
HOLLYWOOD!
Ganz Hollywood wimmelt anscheinend von Schauspielern.
Mama lehnt sich in ihrem Sitz vor und renkt sich fast den Hals aus.
»War das nicht Tom Cruise?«, ruft sie aufgeregt.
»Aber meine Dame«, sagt Jacks Opa. »Der Herr war kein anderer als Brad Pitt. Ich bin zwar schon alt, aber ich habe Augen im Kopf.«
»Woher wollen Sie denn Brad Pitt kennen?«, fragt Mama ein bisschen patzig.
»Warten Sie ab, bis Ihre Kinder so alt sind wie mein Enkel. Dann kriegen Sie alles beigebracht, was man im Leben so wissen muss.«
»Zum Beispiel?«
»Zum Beispiel alles über Johnny Depp.«
»Aha«, sagt Mama **resigniert** und lässt sich in den Sitz zurückfallen. »Schöne Aussichten.« Sie wirft einen kurzen Blick auf Jack.
Millie guckt Jack ebenfalls an. Ob es ihm passt, dass man über ihn redet? Aber Jack macht ein unbewegliches Gesicht. Cool, Mann.

Jetzt mischt sich Silke ein.
»Leider irren Sie sich beide«, sagt sie. »Ich denke, das wird George Clooney gewesen sein. Er ist dafür bekannt, dass er seine Brötchen selber kauft.«
Ach, rufen jetzt alle Leute im Bus, mit einem ganz langen A: Aaach. Worüber wundern die sich? Warum sollte Dschooordsch Kuh-nie nicht einkaufen gehen? Er sah doch schon groß aus. Millie darf schließlich auch alleine einkaufen. Manchmal.
Wenn der Mann eben überhaupt Dschooordsch Kuh-nie war! Aber Millie drückt nun auch ihre Nase an der Fensterscheibe platt, um so viele Filmstars wie möglich zu sehen. Hier auf der Straße oder weiter oben, wo die tollen Häuser mit den **Swimmingpools** stehen.
»Das ist Beverly Hills«, flüstert Mama.
Manno! Als ob die Leute hier in Billy-Willy Mama hören könnten! Aber die Filmstars dürfen wohl nicht gestört werden. Der Bus darf nicht einmal anhalten. Er rauscht nur sehr, sehr langsam am Haus von Marilyn Monroe vorbei. Marilyn? Miss Marilyn? Ach die! Die hat Millie doch schon mal im Museum von New York gesehen. Nur als Malbild! Aber Miss Marilyn hat hier in Hollywood in einem echten Haus gewohnt. Es ist zwar kein großes Haus, aber ganz hübsch, und es stehen Palmen entlang der Straße.

Noch jemand fährt ganz langsam die Straße entlang.
»Das ist Jack Nicholson.« Mama verschluckt sich fast vor Aufregung.
Schon wieder ein Jack!
Jack Nickerchen fährt in einem offenen Auto am Bus vorbei, und alle schauen von oben auf ihn herab. Neben ihm sitzt eine Frau in einem roten Kleid. Es ist aber keine Frau, sondern eine Gummipuppe mit blonder Perücke, und Jack hat sie neben sich gesetzt, damit alle Leute staunen sollen, mit was für einer tollen Puppe er herumkutschiert.
Genug geguckt.
Pipi-Pause!
Selbst in Hollywood ist es kein Problem, eine Toilette zu finden. Und man darf sie auch benutzen. Sogar in den größten, schicksten und teuersten Hotels.
Man braucht nur hineinzumarschieren.
»Pipi machen?«, fragen dann die Hotelleute. »Da vorne links!«
Und da ist auch schon so ein schönes, goldglänzendes, superklassetolles Hotel. Gleich da vorne, Mama!
Aber noch bevor sie den Eingang mit der Drehtür erreicht haben, hat Trudel einen Süßigkeitenladen entdeckt. Die kleine Schwester hat eine Nase für so was.
Prima, Trudelchen-Schnüffelnase!

Sie fängt auch sofort an zu jammern. Mama weiß gar nicht, was sie mit ihr machen soll.
Heulsuse!
Jammerlappen!
»Na gut«, sagt Mama. »Okay. Kaufen wir uns etwas für zwischendurch zum Knabbern.«
Ja, Mama, richtig verstanden!
Sie kauft drei Sachen.
Eine grüne Weingummi-Schlange für Millie.
Eine Puffreis-Knusperstange für Mama.
Eine Tüte Schoko-Erdnuss-Nüsse für Trudelchen.
In Ordnung.
Jetzt durch die Drehtür.
Dschütt-dschütt-dschütt.
Oh. Hier drinnen ist es ja wunderbar. Gleich gegenüber der Drehtür auf dem prächtigen Mosaikboden haben die Hotelleute eine kreisrunde Polsterbank hingestellt. Hier kann man warten, wenn die Toiletten besetzt sind oder wenn es bei dem anderen länger dauert und man selbst schon fertig ist.
Gerade vor ihnen ist eine Schar schicker Damen in der Toilette verschwunden. Da müssen sie warten.
Mama, Millie und Trudel setzen sich auf die Polsterbank. Sie hat ein schönes Wischel-Wuschel-Muster.
Mama beißt von ihrer Puffreis-Knusperstange ab.

Millie nuckelt an ihrer grünen Weingummi-Schlange.
Lecker!
Trudel bemüht sich, die Tüte Schoko-Erdnuss-Nüsse aufzubekommen.
Mama möchte ihr helfen. Doch Trudel maunzt gefährlich. Wie ein kleiner Kater. Sie will sich nicht helfen lassen. Sie denkt, sie ist schon groß.
Oh, oh.
Wenn ein kleines Kind die Tüte von Schoko-Erdnuss-Nüssen aufreißen möchte, geht das meistens schief.
Meistens!

Aber nicht bei Trudel.
Sie hat es geschafft! Sie strahlt Mama und Millie an.
Hast du das gesehen, Mama?
Trudelchen ist schon groß!
Und wenn sie gleich die Knabberei für zwischendurch aufgegessen und danach Pipi gemacht haben, was gibt es dann hier in Hollywood noch zu sehen?
»Na ja«, sagt Mama. »Heute werden wir nicht mehr so viel unternehmen. Ich glaube, wir machen nur einen kleinen Spaziergang über den Rodeo Drive. Das ist die schicke Einkaufsstraße, in der Julia Roberts in *Pretty Woman* ihre teuren Kleider kaufen durfte. *Pretty Woman* heißt der Film, Millie, also *Hübsche Frau*.«
Da sie hier so bequem auf der kuscheligen Polsterbank mit dem Wischel-Wuschel-Muster sitzen und darauf warten, dass die Damen aus der Toilette kommen, kann Mama doch schnell den Film erzählen.
Fang mal an, Mama.

Die Vivian ist eine ziemlich freche Motte. Sie ist nicht reich, aber hübsch. Und sie kann prima Auto fahren. Sie zeigt Edward, was man aus einem Sportwagen alles rausholen kann. Uuuiii. Wenn Edward Auto fährt, knirscht es im Getriebe. Furchtbar!
Edward wohnt im teuersten Hotel. Eine Zeit lang kann Vivian bei

ihm bleiben, weil er sie ganz niedlich findet. Aber sie braucht neue Klamotten. Die Verkäuferinnen denken, sie hat kein Geld. Sie wollen sie nicht richtig bedienen.
Aber Vivian hat Geld. Edward spendiert ihr die schönsten Kleider. Boah! Er kann mit ihr angeben, aber wie!
Eigentlich hat Edward dann was anderes vor. Er weiß nicht, ob er Vivian verlassen soll oder nicht. Sie ist traurig, aber so ist das Leben. Bye-bye, freche Motte.
Im letzten Moment kapiert er jedoch, dass er Vivian liebt. Sie liebt Edward schon lange. Und so geht die Geschichte richtig gut aus.

Trudel war auch sehr **konzentriert** bei der Sache. Sie hat die Tüte Schoko-Nüsse auf ihren Schoß geleert und Stück für Stück die Schokoladenschicht von den Erdnüssen abgeknabbert. Die Nüsse mag sie nicht.
»Tudelmagnussinich«, sagt sie und lässt alle abgekauten Erdnuss-Nüsse sorgfältig wieder in der Tüte verschwinden.
»Tudelfättig«, sagt Trudelchen, reibt die Hände aneinander, um die letzten Krümel abzustreifen, und wischt sie anschließend noch einmal an der Wischel-Wuschel-Polsterbank sauber.
»Tudelfättig.«
Fertig sind auch die schicken Damen. Sie verlassen gerade frisch gekämmt und parfümiert die Toilette.

»Fein«, sagt Mama und steht auf. »Dann können wir ja jetzt hinein.«
Trudel ist gerade von der Bank gerutscht, als Jack in die Hotelhalle kommt. Opas Jack und nicht Jack Nickerchen. Die Tüte mit den abgekauten Erdnuss-Nüssen hat die kleine Schwester auf der Polsterbank liegen lassen.
»Heh«, sagt Jack. »Vergiss deine Tüte nicht.«
»Tudelmagnussinich«, sagt Trudel und will ihre Tüte nicht mitnehmen.
»Dann ess ich deine Nüsse eben auf.« Jack denkt, er könne Trudel ärgern.
Aber nee. Die Erdnuss-Nüsse interessieren Trudel gar nicht mehr. Ohne sich noch einmal umzusehen, verschwindet sie an Mamas Hand auf dem Klo. Und Millie folgt den beiden, aber **schnurstracks.**
Als sie wieder rauskommen, ist Jack gerade mit Trudels Erdnuss-Nüssen fertig geworden. Er hat sie alle aufgefressen! Sämtliche von Trudel abgekauten Schoko-Erdnuss-Nüsse. Die leere Tüte hält er noch in der Hand.
»Hat's geschmeckt?«, fragt Millie und beißt sich vor Lachen fast auf die Zunge.
»Klar«, meint Jack. »Cool! Bist du etwa neidisch?«
»Nee«, sagt Millie und muss nun doch rausprusten. »Weißt du denn überhaupt, was du da gegessen hast?«

Jack schaut Millie an, als ob sie Banane wäre.
»Erdnüsse«, sagt er.
»Ja«, sagt Millie. »Und Trudel hat sie alle abgekaut. Da war vorher nämlich Schokolade drum.«
Jack verzieht keine Miene.
»Du willst mich schon wieder verarschen.«
»Nein«, sagt Millie und schüttelt **energisch** den Kopf. »Ich veräppel dich nicht. Ich sag die Wahrheit.«
Jack sitzt ganz ruhig da, er scheint nachzudenken. Dann wirft er doch einen Blick auf die Tüte in seinen Händen. Er sieht die abgebildeten Schoko-Nüsse drauf und **kapiert** endlich, dass Millie nicht gelogen hat.
Jack lässt die leere Tüte auch einfach auf der Wischel-Wuschel-Polsterbank liegen und flitzt zum Klo. Ein bisschen sah er plötzlich so aus, als ob ihm **kotzübel** wäre.

Haumatsch

Die Einkaufsstraße von Hollywood ist wirklich schick. Am Straßenrand stehen hohe Palmen mit hübschen Puschelwedeln hoch oben, die bis in den knallblauen Himmel reichen.

Die Straßenlaternen sind pechschwarz angemalt und schnörkelig verziert, und dicht unter den Lampen hängen Blumenampeln mit rosa und roten und weißen Blüten. Sehr **gepflegt**. Alle Bürgersteige und Fußgängerzonen sind so sauber, dass man davon essen könnte, und die Steine auf dem Boden sind in geschwungenen Mustern verlegt. Sieht aus wie Straußenfedern. Vor den Eingängen der hellen Häuser stehen Säulen und große bepflanzte Töpfe, die von hübschen Markisen beschattet werden.

Und die Läden! Hier ist die hübsche Miss also einkaufen gegangen.

Millie guckt mal, was es so zu kaufen gibt. Glitzerkleider, Hochhacken-Schuhe, Handtaschen aus Gold, Silber und mit Edelsteinen besetzt.

Kostet alles **nix**. Jedenfalls fehlen die Preisschilder in den Schaufenstern.

Ach, hier ist ja auch ein Kinderladen. Eine **Boutique**. Mal sehen, was die so im **Angebot** hat.
Jeans mit Blümchen auf der Hosentasche. T-Shirts mit Rüschenkragen. Froschgrüne Sandalen, auch mit Edelsteinen auf der Schnalle.
In Hollywood gibt es also nicht nur Sachen für eine hübsche Miss, sondern auch was für hübsche Mädchen. Sogar für kleine hübsche Mädchen. Da … diese niedlichen Ringelsöckchen … die wären doch was für Trudelchen. Die Sachen im Schaufenster der Kinderboutique kosten auch **nix**.
Oder, Mama?
»Natürlich kostet das alles was«, meint Mama. »Aber die Leute, die hier einkaufen, haben eben so viel Geld, dass sie nicht nach dem Preis fragen müssen. Und die Verkäuferinnen wären sauer, wenn man rausgeht, ohne was zu kaufen.«
Hmh. Man müsste aber schon nach dem Preis fragen. Sonst kauft man womöglich etwas, ohne zu wissen, dass es eine Million kostet. Das geht nicht. Wer hat denn schon so viel Geld?
Nach dem Preis fragen … das kann Millie sogar schon auf Englisch. Das weiß sie, seitdem sie mal in London gewesen ist und in New York. Es hat was mit *quatsch* zu tun, oder mit *matsch*. Warte mal … warte mal … jetzt hat sie es: Haumatsch.
Die breite Treppe zum Geschäft mit den Kindermoden ist

sehr einladend. Die Eingangstür steht sogar offen. Das lacht einen ja direkt an. Da kann man ruhig mal reinmarschieren. Millie macht ganz langsame Schritte. Mama denkt wohl, Millie will nur mal ein wenig auf der Treppe herumhopsen.
Ja, das auch.
Hops, hops, hops.
Ach, da steht sie schon auf der obersten Stufe.
Hops, hops, hops.
Da ist sie schon im Laden. Sie könnte aber sofort wieder raushopsen. Falls es komisch werden sollte.
Mama ruft schon: »Millie!«
Ja, ruf nur, Mama, aber mach dir keine Sorgen, hier, im Laden ist es **traumhaft**. Die Dame im Geschäft hinter dem Tischchen mit dem bunten Bonbonglas sieht auch aus wie eine hübsche Miss. Die kann gar nicht **sauer** werden, sie sieht sehr nett aus. Wie ein Filmstar.
Die Miss lächelt Millie freundlich an, dann kommt sie hinter dem Tischchen mit dem bunten Bonbonglas hervor und schreitet auf Millie zu. Sie will sich wohl mit ihr unterhalten. Millie hört eigentlich nur Quatsch. Quatschiquatschiquatschiquatsch, aber da die Miss nicht spricht, sondern ihre Worte flötet, wird aus quatschiquatschiquatschiquatsch mehr und mehr quietschiquietschiquietschiquietsch.
Halt mal die Luft an, Miss. Millie kommt nicht mehr mit.

Quietschiquietschiquietschiquietsch.
So geht das aber nicht. Millie traut sich, die Miss an die Hand zu nehmen und sie zum Schaufenster zu führen. Mit dem Finger zeigt sie auf Trudels nigelnagelneue Söckchen.
»Haumatsch?«, fragt sie.
»Uuuhhh«, flötet die hübsche Miss. »How much?«
Ja, kannst du nicht hören? Und wird es jetzt vielleicht doch komisch?
Nein, die Miss flötet und quietscht einfach weiter. Nach einer Weile hört Millie aber etwas heraus, das ihr bekannt vorkommt. Es ist das Lied, das Jacks Opa gesungen hat.
Ssäwenti-ssäwen.
In Ordnung. Jetzt weiß Millie Bescheid. Mama muss jetzt entscheiden, ob *ssäwenti-ssäwen* viel oder wenig ist.
»Baibai«, sagt Millie und lächelt die nette Miss an. Da kann die gar nicht sauer sein.
Hops, hops, hops. Millie hüpft aus dem Laden mit dem Tischchen und dem bunten Bonbonglas heraus und steht wieder auf der Straße.
»Millie!«
Mama hat die Hände über dem Kopf zusammengeschlagen.
»Millie!«
Ach, Mama, hör auf mit der Milliejammerei. Sag mal lieber, ob *ssäwenti-ssäwen* geht oder nicht geht.

»Seventyseven?«, fragt Mama und schlägt noch einmal die Hände über dem Kopf zusammen. »Das sind siebenundsiebzig Dollar.«
Ist das viel oder wenig?
»Es ist ein Vermögen«, sagt Mama. »Für ein Paar Söckchen ist das ein Vermögen.«
»Was heißt denn das auf Englisch?«, fragt Millie. »Was heißt *zu viel* auf Englisch?«
»Too much«, sagt Mama brav.
Gut. *Tuumatsch* kann sie prima behalten. Wieder was mit *matsch*. Haumatsch, tuumatsch, Englisch ist ja pickepackeleicht.
Hops, hops, hops.
Schon steht Millie – haste-nicht-gesehen – im Laden bei der hübschen Miss, die sich wieder hinter das Tischchen mit dem bunten Bonbonglas verzogen hat.
»Tuumatsch«, sagt Millie und zuckt mit den Schultern.
Es tut ihr ja wirklich leid. Und wird die Miss jetzt doch vielleicht sauer?
Nö. Sie lächelt immer noch. Sie flötet und quietscht, und dann greift sie in das bunte Bonbonglas.
Oh! Da sind ja gar keine Bonbons drin, sondern richtig schöne, große, kugelrunde Lutscher!
Die Miss überreicht Millie einen gelben Lutscher. Millie hätte

lieber einen roten Lutscher, doch das kann sie nicht auf Englisch sagen. Sie muss aber unbedingt noch einen Lolli haben. Für Trudel! Millie muss in solchen Fällen immer für zwei denken.

Sie zeigt mit dem Lutscher nach draußen, wo Mama mit der kleinen Schwester steht und noch immer oder schon wieder die Hände über dem Kopf zusammenschlägt.

Die hübsche Miss hat verstanden, was Millie meint. Sie greift noch einmal in das Bonbonglas und holt einen zweiten Lolli heraus. Dieses Mal ist es ein grüner. Das ist ein bisschen schade, weil es nun keinen Sinn hat, Millies Lutscher mit Trudels Lutscher zu tauschen. Gelb ist Zitrone und Grün ist Waldmeister. Millies Lieblingsgeschmack ist aber Erdbeer.

Egal. Die Miss aus der Kinderboutique ist sehr nett. Sie hat ein Dankeschön verdient. Fällt Millie ein, was *danke schön* auf Englisch heißt? Auch irgendwas mit *matsch.*

Haumatsch?

Nee.

Tuumatsch?

Nee.

Ssänkjuwärrimatsch!

Na, geht doch.

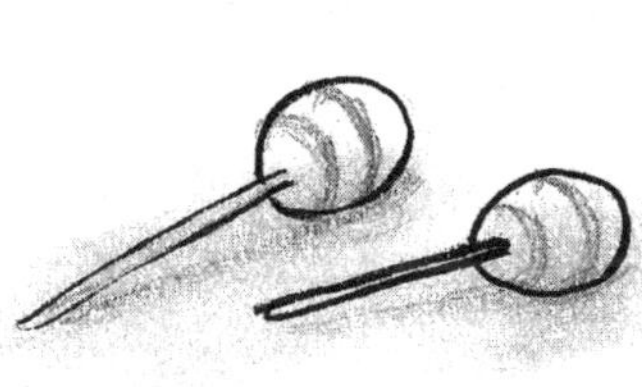

Hollywood

Auf der ganzen Welt gibt es vielleicht zehn oder elf berühmte Straßen. Von den zehn oder elf berühmten Straßen sind wohl nur drei oder vier die berühmtesten. Und die alleralleraller-berühmteste Straße ist sicherlich der *Hollywood Boulevard.*
»Alle nennen diese Straße aber nur *Walk of fame*«, meint Mama. »Weg des Ruhms.«
»Und warum nennt man sie so?«
»Weil die allerallerallerberühmtesten Filmstars von Hollywood hier verewigt sind.«
Klar. Da steckt ja *Ruhm* drin, in *berühmt.* Na, Frau Heimchen, was sagst du nun?
Ein Filmstar ist eigentlich ein Filmstern. Das weiß Millie auch schon. Man sagt *Star*, weil er unter normalen Menschen so auffällt wie ein strahlender Stern droben am Himmel.
Ein Star ist besonders schön oder besonders stark oder besonders böse oder ganz besonders hässlich, das geht auch.
Und was heißt v*erewigt*?
»Die berühmten Stars haben hier einen Stern bekommen«, fährt Mama fort. »Jeder Filmstar wünscht sich, dass ihm ein Stern für immer und ewig gewidmet wird.«

Oh, jetzt kann Millie die Sterne auf dem schwarz-weiß gesprenkelten Bürgersteig von der Ruhm-Straße sehen. Interessant!

Mal schauen, ob sie einen dieser Filmstars kennt. Die Namen sind in goldener Schrift in die fünfzackigen rosafarbenen Sterne eingemeißelt. Es sollen **Tausend und Abertausend** Sterne sein. Da müsste doch ein Name dabei sein, der Millie bekannt vorkommt.

Mama soll vorlesen:

Bärbel Streusand

Greta Gabel

Elsbeth Teller

Jack Limone.

Kennt Millie alle nicht.

»Oft heißen die Filmstars in Wirklichkeit ganz anders«, sagt Mama. »Sie wurden nicht Clark Gable oder John Wayne oder Marilyn Monroe getauft. Sie hatten stinknormale Namen.«

»Ja, genau«, sagt Papa. »Aber weil man sich ihre Namen schnell einprägen sollte, hat man ihnen besondere verpasst oder Namen, die man sich gut merken konnte.«

Millie überlegt, ob man sich ihren Namen gut merken kann: Millie Heinemann! Ist doch pickepackeleicht.

Hier auf der Ruhm-Straße ist ein Stern neben dem anderen aufgereiht. Ein Name neben dem anderen.

Peng Knusprig.
Rock Hatschi.
Kennt Millie auch nicht.
Aber dann! Millie hat plötzlich doch noch einen Bekannten entdeckt. Und den kennt sogar Trudelchen! Das ist Kermit, der Frosch.
»Kermit!«
Heh, Trudel, was sagst du dazu?
»Kermit, der Frosch!«
Trudel sagt nichts. Erst glotzt sie auf Kermits Stern und dann guckt sie Millie ratlos an. Ach ja, sie kann ja noch nicht lesen!

Na schön. Jetzt hat Millie genug Sterne gesehen.
Jack hat auch die Nase voll. Er gähnt aus vollem Hals.
»Und, wo geht's hier richtig ab?«, fragt er.
Ja, Jack, das möchte Millie auch mal wissen. Das hier ist doch Hollywood! Wo sind denn die Kinos? Wo geht's hier richtig ab?
»Nur Geduld, mein Junge, da kommen wir auch noch hin«, versucht ihn der Opa zu beruhigen. »Wir fahren gleich raus zu den Filmstudios.«
»Yeah«, sagt Jack.
Millie schließt sich ihm an: **Yeah!**
Die Filmstudios heißen *Universal Studios Hollywood*. Klar: Hollywood! Nicht Mollywut! Mann, ist das voll hier! Alle Leute wollen in die Filmstudios hinein. Man muss Schlange stehen. Aber das macht nichts. Macht Millie gerne. Dafür bekommt sie eine tolle Eintrittskarte. Die ist so gut wie ein Andenken. Wer ist drauf zu sehen? Na? Na? Es fällt Millie im Moment nicht ein. Es ist nicht Donald Duck. Oder doch? Es ist nicht Mickymaus, nein, auf keinen Fall. Es ist ein lustiges Tier aus einem Comicfilm. Millie wird es schon noch rauskriegen. Und wenn nicht, kann sie ja zu Hause Kucki fragen, wer das sein soll. Kucki kennt alle Comicfilme!
Mit einer kleinen Bimmelbahn darf man durch die Filmstudios fahren.

Erst mal in die Bahn reinkommen. Jack hat es am eiligsten. Er drängelt sich vor.
So geht das nicht, Jack. Millie drängelt auch. Sie schubst ihn zur Seite. Jacks Cowboyhut fällt fast runter. Er muss ihn mit beiden Händen auffangen.
»Sei doch mal nett zu mir«, mault Jack.
Na, ist denn das die Möglichkeit?
»Ich bin nur nett zu Hunden«, sagt Millie.
Das stimmt nicht. Sie ist auch nett zu Leuten, aber nur zu einigen, zum Beispiel zu ihrer Freundin Kucki und zu Wölfchen und manchmal auch zu Trudel. Zu Jack will Millie nicht nett sein. Nicht, solange er die Bubität hat.
Jack seufzt. Er lässt Millie zuerst einsteigen.
Aber das Drängeln wäre gar nicht nötig gewesen, es passen nämlich sechs Leute in das offene Abteil der Bimmelbahn. Die vier Millie-Leutchen und dann noch Jack und sein Opa.
Der Opa jammert etwas. »Schade, dass die Reise morgen schon zu Ende ist.«
»Ja«, sagt Papa. »Aber wir werden uns an so viele schöne Erlebnisse erinnern. Das ist doch auch was wert.«
Der Opa nickt. »Wäre gut für Jack.«
Jack verdreht die Augen. Aber den Opa interessiert das nicht. Er sagt: »Ich hoffe, dass der Junge hier auf andere Gedanken gekommen ist.«

Jack sagt: »Hör schon auf damit, Opa. Ich habe keine Probleme.«
»Eigentlich ist das richtig«, meint der Opa. »Seine Eltern haben die Probleme.«
»Genau«, sagt Jack. »Ich nicht.«
Dann grinst er.
Cool! Millie denkt, dass ihm die Reise wirklich gut getan hat. Verreisen tut immer gut. Man kommt tatsächlich auf andere Gedanken. Selbst wenn man keine Probleme hat.
Nun zuckelt die Bimmelbahn los.
Oha. Was es hier zu sehen gibt!
Da sind ja ganze Städte aufgebaut! Sind das die Straßen von Sandfranz-ist-so? Und das Haus dort! Mensch, das ist doch das, in dem E. T. gewohnt hat. Iii-Tiii und Elliott.
Aber alle Häuser und alle Straßenzüge bestehen nur aus Vorderseiten. Hinten ist nichts. Das sieht vielleicht komisch aus. Nichts! Nur Balken, die die Fassaden abstützen, damit sie nicht auf die Schnauze fallen.
Jetzt fährt die Bahn über eine Brücke am See. In diesem Moment macht es *knacks*. Huch! Die Brücke stürzt ein!
»Hilfe, Mama, Hilfe!«
Mama hat ihre Arme schützend um die Kinder gelegt. Nicht nur um Millie, sondern natürlich auch um Trudel. Ihnen kann nichts passieren.

Die Brücke mit dem halben Bimmelzug ist schon ins Wasser gestürzt, und von der Mitte des Sees taucht ein weißer Hai auf.

Um Himmels willen!

Der Hai schwimmt auf die Bimmelbahn zu, die immer weiter ins Wasser sinkt. Noch sitzen Millie und alle Leute im Trockenen. Aber wird das auch so bleiben?

»Hilfe, Mama, Hilfe!«

»Meine Güte«, sagt Jack **herablassend**. »Du bist doch kein Baby mehr.«

Mann, ist der **cool**, Mann. Dabei sitzt er auch noch an der Außenseite, da, wo der Hai nun sein riesiges Fischmaul aus dem Wasser streckt.

»Pass auf, Jack!«, brüllt Millie.

Der weiße Hai ist so groß, dass er wie ein mächtiger Schatten über das offene Abteil der Bimmelbahn fällt. Er braucht nur noch zuzuschnappen.

»Jack!«

Kurz bevor der Haifisch Jack auffrisst, taucht er ab.

Jack lacht sich kaputt.

»Hast du Angst um mich gehabt?«, fragt er.

Was der sich denkt!

»Nö«, sagt Millie und schüttelt **energisch** den Kopf. »Nö, ganz bestimmt nicht. Ich bin doch nicht Banane.«

»Na, ist jedenfalls nett von dir gewesen«, sagt Jack.
Hat Jack da etwas missverstanden? Millie hat ihm doch gesagt, dass sie nur zu Hunden nett ist.
Die Brücke hebt sich jetzt auch **wie durch ein Wunder** aus dem Wasser. Ach ja, in Hollywood wird ja überall nur so getan **als ob**. Das hatte Millie ganz vergessen.

Nun fahren sie in eine Höhle hinein. Es wird dunkler und dunkler. Donner grollt.
Millie kann nicht viel sehen. Aber sie kriegt mit, wie Trudel sich an Mama presst und am liebsten in ihrem Bauch verschwinden möchte. Ja, Trudelchen ist noch sehr, sehr klein. Millie wird das Donnergrollen und die Dunkelheit aushalten müssen. Sie ist schon sehr, sehr groß.
In diesem Moment zuckt ein Blitz dicht neben ihr. Und noch einer. Und noch einer.
Millie **verschlägt es den Atem**.
Und jetzt taucht rechts neben dem Bimmelbahnabteil King Kong auf. Millie erkennt ihn sofort.
Sie hat King Kong schon einmal gesehen, nein zweimal. Einmal kurz auf Video bei Gus zu Hause und dann auf Pappe im berühmtesten Wolkenkratzer von New York. Ach, und tausendmal hat sie King Kong dort auch auf Ansichtskarten gesehen. Sie weiß also genau, wie der Affe aussieht. Und jetzt ist er hier im Filmstudio in groß und in echt.
Der Blitz hat King Kong erhellt. Der erste und der zweite und der dritte Blitz. Bei jedem Blitz und jedem Donnerschlag wird King Kong größer und größer.
Millie hat keine Angst um Jack, nein, wirklich nicht, sie hat um sich selber Angst. Und wie! Sie macht sich fast in die Hose! Aber ehrlich!

King Kong reißt die Arme hoch. Dann klopft er sich gegen die Brust und brüllt. Er hat seine Schnauze aufgerissen. Seine Zunge und sein Rachen leuchten rot. Er zeigt all seine weißen, scharfen Zähne. Es ist wahrhaftig King Kong, **wie er leibt und lebt**. Immer noch bleibt Millie die Luft weg. Gleich fällt sie in Ohnmacht.

Jack stößt sie an.

»Alles in Ordnung?«, fragt er.

Millie kann ihn nur sehen, wenn der Blitz einschlägt. Sein Gesicht ist grün und weiß.

Alles in Ordnung? Sie schnappt nach Luft.

»Ja«, piepst sie.

Jack tätschelt ihr die Hand.

Mann, der kann ja richtig nett sein. Ist die Bubität jetzt vorbei?

Endlich rattert die Bimmelbahn raus nach draußen an die frische Luft. Wie schön die Welt ist! Der Himmel ist blau und die Vögel zwitschern. Sie tun nicht nur so **als ob**.

Trudel hat von King Kong zum Glück nichts mitbekommen. Und Papa und Mama reicht es auch. Sie wollen sich nur noch irgendwo hinsetzen und ein paar leckere Pommes essen. Bitte vorher noch mal auf die Toilette gehen. Millie führt schon den Pipi-Tanz auf. Das war jetzt doch ein bisschen zu viel für sie.

Vor der Hähnchen- und Pommesbude finden sie ein Plätzchen unter einem Sonnenschirm. Ketchup gibt es hier, so viel man will. Selbst zum Tischbeschmieren ist genug da.
Pfui, Trudel!
Jack hat es noch nicht gereicht. Er will alle **Hollywood-Sensationen** sehen und ist losgetigert.
Was sind denn das für Sensationen?
Jack muss Millie hinterher **haarklein** erzählen, was er erlebt hat: eine Zeitreise ins letzte Jahrhundert, die Rache der Mumien und das Leben von Dinosauriern.
Das hätte Millie auch gerne mitgemacht.
»Du hättest das nicht ausgehalten«, sagt Jack. »Die Dinos kommen auf dich zu und du kannst ihnen nur entkommen, wenn du dich auf ein Floß rettest, das über einen Wasserfall dreißig Meter in die Tiefe saust.«
»Und das hast du geschafft?«
»Klar«, sagt Jack.
Toll.
»Aber hier vorne ist noch ein nettes Labyrinth«, sagt Jack. »Wenn du willst, gehe ich mit dir rein.«
Na schön.
»Pass aber gut auf sie auf, Freundchen«, sagt Jacks Opa.
Es ist ein ägyptisches Labyrinth. Da hat Millie keine Angst, weil sie alles schon mal in Ägypten in echt erlebt hat.

Mumien?
Pah!
Schakale?
Pah!
Kobras?
Pah!
Millie und Jack müssen wieder einmal Schlange stehen, bevor es ins Labyrinth hineingeht. Die Sonne knallt **auf die Köppe**, deswegen hat Jack seinen Cowboyhut aufgesetzt.
Mann, was das dauert!
Millie dreht sich um. Da vorne sitzen Mama, Papa, Trudel und Jacks Opa.
Winke, winke.
Winke, winke machen auch Mama und Trudel.
Jetzt kann Millie schon ein wenig ins Labyrinth hineinsehen.
Oha! Eine Grabkammer!
Und dort, schon etwas im Dunkeln, stehen ja wirklich Mumien im Gang. Mumien mit grässlichen Geistergesichtern. Sobald jemand die Grabeskammer betritt, beugt sich eine Mumie blitzschnell vor, um ihn zu erschrecken.
Huah!
Soll Millie doch lieber **kneifen** und abhauen?
Ach nee. Das wäre blöd. Jack würde denken, sie sei ein Schisshase. Oder, was noch schlimmer wäre: **ein Baby**.

Da gibt's nur eins: Augen zu und durch.
Jetzt sind sie an der Reihe.
Jack geht zuerst rein. Gleich wird sich eine Mumie zwischen Jack und Millie runterbeugen. Huah!
Haste dir gedacht!
Millie drängt sich so dicht an Jack, dass für die Mumie gar kein Platz bleibt.
Das klappt.
Augen zu und durch!
Vorsichtshalber streckt Millie ihre Hand aus und hält sich an Jacks Biberschwanz fest.
Der Weg durch das Labyrinth ist lang und verschlungen.
Aber Millie hört nichts und sieht nichts, keine fürchterlichen Dinge, keine Mumien, keine Schakale und keine Kobras, sie folgt einfach Jacks Schritten. Und weil sie sich festhält, kann sie auch gar nicht verloren gehen.
Nichts kann ihr passieren.
Bis ganz zum Schluss. Da linst sie einmal durch die Lider.
Ach, da vorne ist schon der Ausgang. Rechts neben der letzten Grabkammer. Millie sieht bereits das Tageslicht.
Sie will den Biberschwanz gerade loslassen, da fallen von allen Seiten die Geistermumien über sie her. Es sind mindestens sechs Stück.
Huah! Huah! Huah! Huah! Huah! Huah!

Vor lauter Schreck zieht Millie mit einem Ruck an Jacks Biberschwanz.
Plopp!
Der Biberschwanz ist abgerissen.
Oje, oje, oje. Was wird Jack nun sagen?
Jack sieht **die Bescherung** erst draußen, als Millie ihm den wuscheligen Schwanz entgegenhält.
Was jetzt?
Wie reagiert ein Pirat auf so ein **Malheur**?
Jack guckt den Biberschwanz traurig an. Bestimmt denkt er, dass Millie wirklich Banane ist.
Er sagt: »Du bist vielleicht eine Pupsbacke.«
Hmh.
Bevor er noch so etwas Blödes loswird, sagt Millie schnell: »Meine Mama hat bestimmt eine Sicherheitsnadel in ihrer Tasche.«
»Ach, lass mal gut sein«, meint Jack. »Morgen sind wir ja sowieso nicht mehr in Amerika. Und zu Hause ist es uncool, mit so einem Hut rumzulaufen.«
Irgendwie ist das schade.
Jack legt den Cowboyhut und den Biberschwanz auf die ketchupbeschmierte Tischplatte unter dem Sonnenschirm.
Mama, Papa und Jacks Opa erzählen sich was über die Filme, die sie besonders gern mochten oder die sie irgend-

wann noch einmal anschauen wollen. Komische Filme, die Kasse-Blank heißen oder West-Seifen-Geschichte oder Winde-Wehen.
Trudel langweilt sich. Millie **erbarmt** sich und erzählt ihr von einem Film, den sie zwar noch nicht gesehen hat, aber auch gerne einmal angucken möchte.

Der Bär ist kein Bär, sondern ein Indianerjunge. Er ist zur Strafe im Fell vom Bären gefangen, weil er nicht nett zu Tieren war. Jetzt soll er merken, wie das ist.
Mit einem Mal kann er die Tiersprache und er freundet sich mit einer wild gewordenen braunen Pelzkugel an, dem kleinen Bären. Sie haben viel Spaß miteinander, zum Beispiel beim Mammutreiten. Aber der Junge macht auch komische Sachen. Obwohl er jetzt ein Bär ist, will er Wasser aus dem Glas trinken. Und Winterschlaf kann er auch nicht halten.
Nun kommt der Jäger. Das ist der Bruder von dem Jungen. Der Junge ist also Menschenbruder und Bärenbruder. So was kann's geben. Und zum Schluss will der Junge ein Bär bleiben. Bruder Bär.

»Was erzählst du Trudel da?«, fragt Mama. »Hast du dir das ausgedacht, mein Schatz?«
»Aber nein«, sagt Jack an Millies Stelle. Er hat den Biber-

schwanz wieder vom Tisch genommen und spielt damit herum. »Das ist doch der Film von den Bärenbrüdern. Den hab ich auch letztens gesehen.«

Wirklich? Dann ist Jack ja doch noch ein Kind. Oder wenigstens **halb und halb**.

Ja, halb und halb – das ist wohl die Bubität.

»Aber Millie kann den Film gar nicht kennen«, meint Papa und schüttelt ungläubig den Kopf.

»Den will ich aber noch kennenlernen«, sagt Millie. »Kucki hat ihn schon gesehen. Sie hat doch Dreh-Faul-Drehs.«

»DVD!«, korrigiert Jack und wuselt Millie aus Spaß mit dem Biberschwanz im Gesicht herum.

Mensch, Jack, lass das doch!

Der Biberschwanz ist ziemlich weich und wuschelig. Er kitzelt Millie in der Nase, dass sie niesen muss. Nicht nur einmal, sondern zweimal, dreimal, es hört gar nicht auf.

»Hassi«, sagt Trudel. »Hassi, Hassi.«

Mama kramt sofort nach einem Taschentuch. Aber Jack kommt ihr zuvor. Zuerst zieht er seinen Dreiplärrer aus der Hosentasche und dann kommt ein zerknülltes Päckchen Papiertaschentücher zum Vorschein. Ist denn das die Möglichkeit? Ein Junge, der Taschentücher dabeihat?

Nein, nein, nein, er reicht Millie kein Taschentuch rüber. Er drückt ihr das ganze Päckchen in die Hand. Na gut, die

Taschentücher sehen zwar total zerknüllt aus, aber sie sind noch nicht benutzt.
»Hatschi«, macht Millie immer noch, und Jack klopft ihr auf den Rücken.
Mann, Jack, du hast aber auch keine Ahnung! Millie hat sich doch nicht verschluckt, sondern einen Niesanfall! Nimm deine Pfoten weg, lass Millie zufrieden und hör lieber deine Piratenmusik. Karübe!
In diesem Moment kommen drei Filmleute an ihren Tisch. Einer mit einer riesigen Kamera auf der Schulter und einer mit einem Mikrofon an einer langen Stange. Sie halten das Mikrofon über die Köpfe von Jack und Millie. Vor Schreck und auf der Stelle hört das Niesen auf.
Der dritte Filmmensch, der nichts tragen muss, quatscht Jack an.
Was redet der da? Er sagt was von Pfannenkappe oder so, und die beiden mit dem Mikrofon und der Kamera nicken dazu.
Jack hebt seine Hände hoch, als hätten die Filmleute **Geld oder Leben** gesagt. Na, wenigstens grinst er dabei schief. Und Mama, Papa und Jacks Opa kringeln sich vor Lachen.
Mama! Sag schon, was los ist.
»Och«, sagt Mama. »Die filmen heute einige Zuschauer hier in den *Universal Studios*. Sie machen einen Werbespot für

irgendein Buch. Der Film wird heute Abend im Fernsehen gesendet. Sie suchen dafür das eine oder andere *funny couple,* sagen sie.«
Also hat Millie das mit der Pfannenkappe doch richtig verstanden.
»Oh Mann«, stöhnt Jack. »Die wollen, dass wir so tun als ob.«
Als ob was? Dass sie Pfannenkappen sind? Wie macht man das?
Die Filmleute treten jetzt **in Aktion**. Sie setzen Jack den Hut auf. Sie wollen, dass Millie aufsteht. Man hat sie aber nicht um ihr **Einverständnis** gebeten. Mitmachen möchte sie schon, aber warum soll sie jetzt stehen und Jack darf sitzen bleiben? Ein Filmstar muss sich ziemlich viel gefallen lassen. Ist schon klar.
Millie seufzt und schiebt ihren Stuhl zurück. Sie soll sich neben Jack stellen und sich mit ihrem Ellbogen auf seiner Schulter abstützen. Jack muss mit seinem Biberschwanz rumwedeln und soll dabei lächeln. Millie darf ernst bleiben.
»Nicht grimmig, Millie! Nur ernst.«
Ja, Mama.
»Lächeln, Jack! Lächeln!«
Jack versucht, Millies Arm von seiner Schulter zu schieben.
»Ich seh bestimmt aus wie ein erlegter Löwe«, zischt er.

»Und dieses Kind hier benimmt sich wie ein Großwildjäger. Kann sie ihre Pfote nicht von meiner Schulter nehmen?«
»No, no, no, no, no«, rufen die Filmleute.
Sei friedlich, Jack.
Er muss es ertragen, dass Mille sich auf ihm abstützt.
Ach, noch was fehlt. Millie bekommt einen Lolli und soll daran lutschen. Leider schon wieder Zitronengeschmack!
Kamera läuft! Die Filmleute drehen und drehen und drehen. Millie darf sieben Mal am Lolli lutschen und Jack muss sieben Mal lächeln.
Puh! Das Leben als Filmstar ist anstrengend, aber mit Lolli ist das schon **oke**.
Fertig.
»Und wie heißt der Film?«, fragt Millie. »Ich meine … das Buch? Heißt es etwa Pfannenkappe?«
»Yeah, yeah«, sagen die Filmleute. »Funny couple.«
Anscheinend hat Millie zwar Amerikanisch verstanden, aber sie weiß nicht, um was es geht.
Mama klärt sie auf.
»*Funny couple* heißt *Lustiges Pärchen*«, sagt sie.
»Eigentlich heißt es eher *Komisches Pärchen*«, meint Papa.
Was? Komisches Pärchen? Was ist an Millie denn komisch? Sind die Filmleute denn Banane? Millie rückt sofort ein Stück von Jack ab.

Jack hat sich inzwischen beruhigt.
»Ach, mach dir nichts draus«, sagt er. »Vielleicht ist das Buch, für das wir Werbung machen, richtig cool.«
Das Buch erzählt die Geschichte einer alten Frau, die in einem Dorf Kaninchen züchtet, und einem wilden Kerl, der auf seinem Motorrad vorbeikommt. So berichten das die Filmleute. Mama übersetzt es für alle, die das nicht verstanden haben.
Wilder Mann und alte Frau, das ist also eine Pfannenkappe, ach nee: ein komisches Pärchen. Komisch sind auch ein Baby und ein Boxerhund. Kleiner, dicker Mann und lange, dünne Frau. Und komisch sollen Jack und Millie sein?
Na ja.
Zum Schluss sagen die Filmleute, um was es eigentlich in dem Film geht: »Love story.«
Mama übersetzt auch das: »Eine Art Liebesgeschichte.«
»Um Gottes willen«, sagt Jack, schnappt nach Luft und reißt sich seinen Hut vom Kopf. Er verbirgt sein Gesicht. Macht er jetzt nur Spaß oder schämt er sich tatsächlich?
»Mach dir nichts draus«, wiederholt Millie seine Worte und klopft ihm auf den Rücken. »Es ist ja nur ein Film, Jack! Hollywood! Wir haben doch bloß so getan als ob.«